Die Kunst der Manipulation

Menschen lesen

Werden Sie von nun an zum Meister der Psychologie, erkennen Sie systematische Manipulationstechniken sofort und nutzen Sie diese selbst zu Ihrem Vorteil

Haftung für externe Links

Unser Angebot enthält Links zu externen Websites Dritter, auf deren Inhalte wir keinen Einfluss haben. Deshalb können wir für diese fremden Inhalte auch keine Gewähr übernehmen. Für die Inhalte der verlinkten Seiten ist stets der jeweilige Anbieter oder Betreiber der Seiten verantwortlich. Die verlinkten Seiten wurden zum Zeitpunkt der Verlinkung auf mögliche Rechtsverstöße überprüft. Rechtswidrige Inhalte waren zum Zeitpunkt der Verlinkung nicht erkennbar.

INHALT

Vorwort

Häufig hört man Sätze, wie beispielsweise "Du wurdest manipuliert." oder "Der/die manipuliert dich nur.". Dabei ist Manipulation eigentlich total menschlich und wird von jedem bewusst oder unbewusst angewendet. Doch wie genau funktioniert eigentlich Manipulation, wo kommt sie zum Einsatz und was ist eigentlich Manipulation?

In diesem Buch soll es rund um die Manipulationstechniken gehen. Welche Manipulationstechniken gibt es und vor allem, was können Sie tun, um sich in Zukunft nicht mehr von diesen Techniken manipulieren zu lassen?

Außerdem soll Ihnen dieses Buch eine Übersicht an Übungen sowie Anleitungen geben, wie Sie selbst diese Manipulationstechniken einsetzen können, um in Zukunft jedes Gespräch für sich zu gewinnen.

Dieses Buch soll Ihnen die Merkmale der verschiedenen Manipulationstechniken näherbringen und Ihnen mit Hilfe von Beispielen zeigen, wie diese funktionieren. Was können Sie tun, um sich gegen solche Techniken zu wehren und wie können Sie diese Techniken in Zukunft erkennen?

Lassen Sie sich von Schritt-für-Schritt-Anleitungen sowie verschiedenen Übungen und Tipps leiten. Um die einzelnen Techniken besser nachvollziehen zu können, sind Beispiele und Praxisbezüge aus dem alltäglichen Leben in diesem Buch integriert.

Bekommen Sie also nun einen Überblick rund um die Manipulation und ihre Techniken!

Was ist Manipulation?

Manipulation ist den meisten Menschen ein Begriff. Doch vermutlich definiert jeder diesen Begriff für sich selbst anders. Daher soll in diesem Kapitel beschrieben und erläutert werden, was genau Manipulation ist und wie diese charakterisiert werden kann.

Laut dem Duden beschreibt die Manipulation eine Vorteilsbeschaffung. Der Begriff „Manipulation“ kommt zudem aus dem Lateinischen und bedeutet so viel wie „handhaben“.

Unter dem Begriff der Manipulation wird eine Einflussnahme auf andere Menschen verstanden. Die Beeinflussung findet meist ohne das Wissen und gegen den Willen anderer Menschen statt. Menschen sollen zu bestimmten Handlungen oder Denkweisen gebracht werden, die sie so aber eigentlich gar nicht wollten. Manipulation kann in transparente Absichten und intransparente Absichten gegliedert werden. Unter einer transparenten Absicht der manipulierenden Person wird die Möglichkeit der Entscheidung des Gegenübers verstanden. Das Gegenüber kann selbst entscheiden, ob dem Willen der manipulierenden Person gefolgt wird oder nicht. Die Möglichkeit der Entscheidung stellt die Differenzierung zwischen der transparenten und der intransparenten Absicht dar. Bei der intransparenten Absicht geht die manipulierende Person davon aus, dass ihr Gegenüber eine Handlung niemals freiwillig tun würde und bringt sie daher dazu, diese Handlung zu tun. Dem Gegenüber wird also die Möglichkeit genommen, sich bewusst gegen diese Handlung zu entscheiden.

Um die Manipulation besser nachvollziehen zu können und zu erfahren, wie diese auch in alltäglichen Situationen vorkommt, folgt ein kurzes Fallbeispiel:

Stellen Sie sich doch einmal kurz vor, Sie sind die Geschäftsführung einer recht großen Firma. Ein Mitarbeiter von Ihnen ist sehr unzufrieden mit seiner Stelle und der Firma generell und konfrontiert Sie mit dem Vorhaben, zu kündigen und sich eine neue Stelle zu suchen. Sie möchten diesen Mitarbeiter allerdings aus verschiedenen Gründen nicht gehen lassen. Um ihn als Mitarbeiter zu erhalten, ihn von der Kündigung abzuhalten und ihm gleichzeitig ein besseres Gefühl zu geben, erzählen Sie ihm, dass er eine enorme Bereicherung für die Firma ist und immer einen zuverlässigen und guten Job macht. Außerdem erzählen Sie ihm, welch ein Verlust es wäre, wenn er gehen würde. Sie sagen ihm, dass Sie persönlich sehr traurig wären, wenn er kündigt und keinen Ersatz für ihn finden würden, der die Tätigkeit so zuverlässig und perfekt erledigt, wie er es tut. Sie versuchen ihm also ein gutes Gefühl zu geben. Sie wissen aber sehr wohl, dass Sie an seinen Kritikpunkten und an seinen Beweggründen, die Firma zu verlassen, nichts ändern werden. Der Mitarbeiter wird sich geschätzt fühlen und höchstwahrscheinlich mit der Hoffnung auf Besserung von seinem Vorhaben, der Kündigung, absehen.

In diesem Fallbeispiel bringt die Geschäftsführung die eigenen Empfindungen und Gefühle über die mögliche Kündigung seines Mitarbeiters ein. Dies sorgt bei dem Mitarbeiter für das Gefühl, dass er geschätzt wird sowie auch, dass er eine gute Arbeit erledigt und vielleicht auch, dass die Unzufriedenheit gar nicht gerechtfertigt ist. Die Geschäftsführung möchte mit Wertschätzung und dem Hervorrufen eines guten Gefühls die mögliche Kündigung, sprich das Problem, aus der Welt schaffen. Dies erfolgt ebenfalls mit dem Hintergedanken, dass sich die Geschäftsführung dann natürlich keinen neuen Mitarbeiter suchen muss. Es wird also Arbeit gespart. Die zusätzliche Arbeit, die ebenfalls anfällt, wenn der Mitarbeiter kündigt und noch kein Nachfolger gefunden wurde, wird so ebenfalls umgegangen. Würde sich die Geschäftsführung für die Gründe und die eigentliche Unzufriedenheit des Mitarbeiters interessieren und nicht einfach nur seine eigenen Interessen und Vorteile in den Fokus stellen, so würde die Geschäftsführung mit dem Mitarbeiter ehrlicher und vor allem auch offener sprechen.

Manipulation ist nicht gleich Manipulation, denn die Arten und Absichten sind verschieden. Menschen können andere manipulieren, um ihren eigenen Willen und ihre eigenen Interessen durchzubekommen. Sprich, es zu schaffen, dass andere so handeln, wie sie es gerne hätten und für richtig empfinden. Genauso ist es aber auch möglich, andere Menschen durch Äußerungen über die eigenen Emotionen zu manipulieren. Dies kann auch mit Phrasen wie beispielsweise „Ich bin nichts ohne dich." oder „Ich brauche dich, um glücklich zu sein." geschehen. Das Gegenüber wird die verantwortliche Person nicht verlassen wollen, da sie sich dann vermutlich schlecht fühlen würde. Sie fühlt sich für den Gefühlszustand der manipulierenden Person verantwortlich und möchte diese natürlich nicht verletzen. Eine Gewissensfrage also. Die verantwortliche Person bringt so das Gegenüber dazu, etwas zu tun, das sie freiwillig vielleicht gar nicht möchte.

Doch nicht nur die Manipulation, wie in dem oben genannten Beispiel beschrieben, tritt häufig, wenn nicht sogar in alltäglichen Situationen auf. Oft genug möchten wir Menschen andere Menschen beeinflussen. Manchmal wird manipulatives Verhalten auch gar nicht bewusst wahrgenommen wie beispielsweise in den Medien, die tagtäglich von uns Menschen konsumiert werden. Eine solche Manipulation der Menschen durch die Medien erfolgt nicht nur durch Werbung, sondern auch beispielsweise durch die Nachrichten oder Zeitungen.

Manipulation meint also grundsätzlich erstmal die Beeinflussung anderer Menschen. Dies kann im Positiven als auch im Negativen geschehen. Diese Beeinflussung soll dazu führen, dass die eigene Meinung übernommen wird oder eine Aufgabe von der anderen Person erledigt wird. Bei der Manipulation stehen also die eigenen persönlichen Interessen im Vordergrund.

Doch es kann auch gelernt sein, andere Menschen zu manipulieren. So kann beispielsweise ein wichtiges Gespräch positiv für einen selbst verlaufen. Häufig wird aber mit der Manipulation etwas Negatives verbunden. Doch es ist genauso möglich, andere Menschen positiv zu beeinflussen. Eine positive Beeinflussung hat somit auch ein positives Ereignis zur Folge. Zu einer positiven Manipulation gehören beispielsweise die Überzeugung, Motivation und auch die Inspiration.

Ob eine Manipulation als negativ oder positiv wahrgenommen wird, hängt von der eigenen Interpretation der Situation ab. In jeder Interaktion mit anderen Menschen findet eine Beeinflussung und somit auch eine Manipulation statt. Wie viel und auch wie häufig manipuliert wird, ist jedoch von Interaktion zu Interaktion unterschiedlich.

Meist steht bei Menschen immer ein Ziel im Vordergrund. Dies kann zum Beispiel ein individuelles Ziel sein. Auch hinter einer Manipulation steht immer eine Motivation. Was genau mit einer Manipulation erreicht werden soll, soll in dem folgenden Kapitel näher beschrieben werden.

Ziel der Manipulation

Mit einer Handlung oder einem Gedanken wird immer ein eigenes Ziel verfolgt. Etwas soll erreicht werden. Genauso ist es auch mit der Manipulation. Hinter einer manipulativen Handlung steht ebenfalls immer ein Ziel.

Dieses Ziel kann natürlich von Mensch zu Mensch variieren. Doch meist soll eine bestimmte Aufgabe, eine Tätigkeit oder die eigene Meinung übernommen werden.

Nicht nur, dass die eigenen Interessen und der eigene Wille befolgt werden sollen, die andere Person soll sich zudem je nach Art der Manipulation gut und geschätzt fühlen. Das Gefühl der Wertschätzung der eigenen Person sorgt dafür, dass zu dem Anliegen des Gegenübers nicht „Nein" gesagt werden kann.

Um das Fallbeispiel der letzten Seiten noch einmal aufzugreifen:

Das Ziel der Geschäftsführung ist nicht nur, dass der Mitarbeiter sein Vorhaben der Kündigung noch einmal überdenkt und sich im besten Fall gegen die Kündigung entscheidet, er soll sich außerdem geschätzt und gesehen in der Firma fühlen. Dieses, von der Geschäftsführung vermittelte Gefühl, würde dazu führen, dass der Mitarbeiter über die negativen Seiten der Firma hinwegsehen kann und somit die Kündigung und damit verbunden auch das Verlassen der Firma überdenkt. Ihm soll der Eindruck vermittelt werden, dass seine Person und damit verbunden sein Handeln und seine Tätigkeit in der Firma geschätzt werden und wichtig sind.

So wird der Mitarbeiter von seinem Vorhaben der Kündigung abgebracht, da er sich gut und gestärkt fühlen wird. Die Geschäftsführung muss sich so keinen neuen Mitarbeiter suchen oder die durch die Kündigung anfallenden Tätigkeiten ausgleichen. Es kommt dadurch also keine Mühe oder zusätzliche Arbeit auf diese zu. Wird dem Mitarbeiter versichert, dass er einen hervorragenden Job macht und wichtig für die Firma ist, wird sich der Mitarbeiter seine Gründe noch einmal überlegen, da sein Selbstvertrauen gestärkt wurde. Die Geschäftsführung wird aber vermutlich die Gründe, die für eine Kündigung des Mitarbeiters sprechen, nicht verbessern, da das Problem für diese vermutlich als gelöst gilt.

Ziel der Manipulation von anderen Menschen ist es, seine eigenen Gedanken und Vorstellungen auf das Gegenüber zu übertragen. Es steht der eigene Vorteil hierbei im Vordergrund. Zudem soll das Gegenüber dazu gebracht werden, etwas für die manipulierende Person zu tun. Je nachdem, ob die Manipulation transparent oder intransparent ist, steht das Ziel der Abnahme der Entscheidung des Gegenübers im Vordergrund. Das Gegenüber soll die Entscheidung bezüglich einer Handlung oder eines Gedankens nicht selbst treffen, sondern diese nur übernehmen.

Zusammenfassend verfolgt die Manipulation das Ziel des eigenen Vorteils. Die manipulierende Person selbst stellt sich in den Fokus und sieht den eigenen Vorteil als Motivation hinter der Handlung der Manipulation.

Was bedeutet Kommunikation

Das wohl wichtigste Mittel im Zusammenhang mit Manipulation besteht in der Kommunikation. Um einen Menschen oder einen Sachverhalt manipulieren zu können, ist es notwendig, dass irgendeine Art der Reaktion folgt. Einem Supermarkt bringt es nichts, seine Waren neu zu platzieren, wenn er keine Kunden hat.

Das Wort „Kommunikation" stammt ebenfalls aus dem Lateinischen und bedeutet Mitteilung. Allgemein gesprochen steht sie für den Austausch oder die Übertragung von Informationen. Hierbei ist es irrelevant, auf welchem Weg das geschieht – Kommunikation beinhaltet sowohl Sprechen als auch Schreiben und kann verbal, nonverbal oder paraverbal geschehen.

Mittlerweile wird neben dem zwischenmenschlichen Kontakt auch die Übertragung von Daten als Kommunikation angesehen.

Solange die Interaktion zwischen Menschen reibungslos funktioniert, denkt man nicht weiter über die Art und Weise des Kommunizierens nach. Treten jedoch Probleme auf in Form von Streit, Missverständnissen oder Ähnlichem, beginnt man, seine Kommunikation zu hinterfragen – etwa, indem man überlegt, ob man vielleicht etwas Falsches gesagt oder missverständliche Signale gesendet hat.

Sich aktiv mit Kommunikation zu beschäftigen, liefert Ihnen entscheidende Vorteile, wenn es um Manipulation geht. Im Laufe der Jahre haben sich unendlich viele Wissenschaftler, Psychologen und Soziologen mit diesem Thema beschäftigt. Ich möchte Ihnen gern einige Hilfsmittel an die Hand geben, um Ihre Ausdrucksweise gezielt verbessern zu können.

Kommunikationsmodelle nach Paul Watzlawick

Paul Watzlawick war ein bis 2007 lebender Psychotherapeut, Kommunikationswissenschaftler, Philosoph und Autor. In Europa war er vor allem durch sein Kommunikationsmodell bekannt, indem er fünf Axiome, also Grundsätze, die allerdings keine Beweise benötigen, festgelegt hat, die die menschliche Kommunikation sowohl erklären als auch ihre Widersprüche aufzeigen. Er geht von der Annahme aus, dass Menschen unfähig sind, ihre Kommunikation und ihr Verhalten zu reflektieren und dass sie nicht aus der Erfahrung, sondern aus der Situation heraus entscheiden. Dementsprechend richtet er seine Theorie auf die Gegenwart und sieht sie als permanenten Prozess zwischen „Werden" und „Wachsen". Grundlegend galt Watzlawick als sehr konservativer Mensch, der in seinen Ansichten doch eher als stur galt. Für ihn ging Kommunikation weit über das klassische Gespräch hinaus – er bezog die Bindung zwischen den betreffenden Personen sowie den Kontext, also die äußeren Umstände, mit ein. Zwei Menschen können beispielsweise normalerweise sehr gut befreundet sein, sind aber bedingt durch persönliche Probleme derzeit kaum in Kontakt.

Das erste Axiom besagt Folgendes: „Man kann nicht nicht kommunizieren". Keine Sorge, ich habe mich nicht verschrieben – Watzlawick meinte damit, dass immer eine Art der Kommunikation stattfindet, da sie nicht zwangsläufig über Sprache, sondern auch über Verhalten geschehen kann. Da jeder Mensch auf irgendeine Art interagieren muss, wird auch jederzeit eine Reaktion folgen. Selbst, wenn Sie sich dazu entschließen, heute Zuhause zu bleiben und mit einem Glas Wein fernzusehen, kommunizieren Sie – Sie geben den anderen Menschen Signale, dass Sie keine Lust haben, vor die Tür zu gehen oder am gesellschaftlichen Leben teil zu haben, dass Sie unter Umständen einen anstrengenden Tag hatten und sich daher entspannen möchten oder dass Sie von den Leuten um sich herum genervt sind.

Des Weiteren geht Watzlawick davon aus, dass eine Kommunikation immer zwei Aspekte hat – einen inhaltlichen und einen emotionalen. Der inhaltliche Teil gibt Aufschluss über die Information, die es zu vermitteln gilt. Der emotionale Aspekt ist davon abhängig, wie die

Information vom Empfänger aufgefasst wird. Dieses Axiom besagt gleichzeitig, dass jede Information auch eine Emotion enthält und es dementsprechend keine rein sachliche Kommunikation gibt. Selbst, wenn wir diejenigen nicht kennen und jemandem beispielsweise die Tür aufhalten, ernten wir ein „Danke" – die Emotion besteht also hier in der Höflichkeit als eine Art gezwungene Kommunikation. Sagt mein Chef einer Kollegin, dass sie ihre Arbeit nicht gut macht, endet das in einem ganz anderen Resultat, als wenn ich das zur gleichen Kollegin sagen würde – einfach, da die Emotionen unterschiedliche sind, auch wenn sich die Information nicht ändert. Je nachdem, welche Mimik und Gestik wir nutzen, um die Information zu verstärken, beeinflusst das die Art, wie sie vom Gegenüber angenommen wird.

Im dritten Grundsatz geht Watzlawick davon aus, dass Kommunikation als eine Art Kreis verläuft. Er bezeichnet es als eine Verhaltenskette, wo auf jeden Reiz eine Reaktion folgt, die wir als normale zwischenmenschliche Interaktion kennen. Diese Reize zählen bereits zur Kommunikation, da durch sie das Zwischenspiel beginnt. Vor allem in Partnerschaften lässt sich dieses Phänomen häufig beobachten. Eine Freundin von mir beschwert sich regelmäßig darüber, dass ihr Partner mehr Zeit mit seinem Auto verbringt als mit ihr. Da sie wütend auf ihn ist, beschäftigt sie sich dann auch nicht mit ihm, wenn er da ist, sondern putzt die Wohnung oder telefoniert. Er wiederum sagt, dass er sich aufgrund dessen mit seinem Auto beschäftigt, weil sie sich ja ohnehin anderen Dingen widmet. Hier liegt eine ganz klare Störung zwischen Sender und Empfänger vor, da beide davon ausgehen, dass sie auf der identischen Basis von Informationen handeln. Als Zuschauer könnte man sehr leicht erklären, wie sie diesen Kreislauf verlassen können – dazu gehört jedoch Überwindung und ein gewisses Maß an Nachsicht, wozu nicht jeder bereit ist.

Genauso wie Kommunikation einen inhaltlichen und emotionalen Aspekt hat, unterscheidet Watzlawick weiter in verbale und nonverbale

Teile, wobei er sie digital und analog nennt. Digital bedeutet die direkte Kommunikation, es werden Informationen übermittelt und die Menschen können logische Aspekte knüpfen. Der analoge Bereich kann durch einfache Dinge wie ein Lächeln vermittelt werden, es geht um die Beziehungsaspekte. Die Schwierigkeit besteht darin, dass analoge Kommunikation mehrdeutig ist. Sie können jemanden anlächeln und ihn tatsächlich mögen oder nur höflich sein wollen, während Ihnen der Sinn eigentlich nach etwas anderem stehen würde. Hier entsteht auch der größte Teil der Missverständnisse, indem beispielsweise eine Mimik falsch gedeutet wird und die Menschen anfangen, zu mutmaßen und zu interpretieren, anstatt einfach direkt nachzufragen.

Watzlawicks letztes Axiom lautet folgendermaßen: „Kommunikation ist symmetrisch oder komplementär." Wie sie sich entwickelt, ist davon abhängig, wie die Beziehungsebene zwischen den Gesprächspartnern allgemein gestellt ist. Befinden Sie sich auf der gleichen Ebene, wird sie wahrscheinlich symmetrisch ablaufen. Diese Menschen erkennt man daran, dass sie immer versuchen, Gemeinsamkeiten und Kompromisse zu finden. Gibt es eine Diskrepanz, kippt die Kommunikation in den komplementären Bereich. Dann hat ein Mensch die Oberhand, es gibt beispielsweise immer einen Entscheider und einen, der sich fügt. In beiden Fällen herrscht eine gewisse Dynamik, da die Rollen nicht festgelegt sind. Jeder kennt ein Beispiel für eine komplementäre Wechselbeziehung.

Angenommen, ein Mann und eine Frau gehen einkaufen – sie findet zwei Hosen und kann sich nicht entscheiden, daher bittet sie ihren Mann um Hilfe. Nun steht die Frau da, eine der beiden Hosen hat sie an und die andere hält sie vor den Körper. Der Kopf ist schräg geneigt und alles an ihr drückt Unsicherheit aus. Dann stellt sie die eine entscheidende Frage: „Findest du, ich sehe in der Hose zu dick aus?". Der Mann, unempfänglich für die nonverbalen Signale, deutet die Frage einfach als das, was sie ist und antwortet „Nein Schatz, ich finde dich in allem attraktiv.". Für ihn entspricht das der Wahrheit, sie denkt nun jedoch, dass es ihm egal ist, was sie anzieht, da keiner in der Lage war, die nonverbalen Signale richtig zu deuten.

Um solche Differenzen zu vermeiden, ist es hilfreich, das genaue Problem zu definieren. Hätte die Frau einfach die Frage gestellt, um die es geht, nämlich dass sie unsicher ist, welche der beiden Hosen besser aussieht, und von ihrem Mann eine Entscheidung möchte, hätte es die Differenz niemals gegeben. Umgekehrt hätte der Mann natürlich aufmerksamer sein können, was die Mimik seiner Frau angeht. Aus solchen Kreisläufen kann man ausbrechen, indem man sich genau darüber Gedanken macht und für die folgende Kommunikation versucht, andere Richtlinien zu schaffen.

KOMMUNIKATIONSWERKZEUGE

Um kommunizieren zu können, benötigen Sie verschiedene Informationen, sowohl auf der rein sachlichen als auch auf der emotionalen Ebene. Die Mittel, um diese zu erhalten, bezeichnet man auch als Kommunikationswerkzeuge.

Die rein sachliche Ebene ist sehr einfach zu erklären, denn sie beschreibt, woher Sie Ihr Wissen erlangen. Möchten Sie Informationen zu einer Person oder beispielsweise über ein Ereignis herausfinden, nutzen Sie die Zeitung, das Internet oder Sie befragen andere Personen entweder direkt oder digital über soziale Netzwerke. Ich möchte mich aber vor allem auf die Mittel beziehen, die Ihnen dabei helfen, emotionale Informationen zu erlangen. Sie können jederzeit rein sachlich argumentieren, erwischen Sie Ihren Gegenüber jedoch an seinem sensiblen Punkt, haben Sie es bei einer Manipulation deutlich leichter. Sie erkennen sehr talentierte Verkäufer an genau solchen Punkten: Selbstverständlich erklären sie beispielsweise bei dem Kauf eines neuen Handys auch etwas zur Technik, wie die Kamera funktioniert und wie groß der Speicher ist.

Möchten sie jedoch einen Mehrwert für den Kunden ermitteln, nutzen sie die Informationen aus dem Small Talk, beispielsweise über den letzten Urlaub, über das Kind, was mit im Laden steht oder über die Tatsache, dass der Kunde innerhalb von zehn Minuten dreißig Anrufe erhält, weil er geschäftlich sehr gefragt ist – und binden dies in ihr Gespräch mit ein. Die gute Kamera bringt dem Kunden also einen Vorteil, weil er damit im nächsten Urlaub Fotos in HD schießen kann, ohne die große und schwere Spiegelreflexkamera mit schleppen zu müssen.

Das Handy verfügt über ein integriertes E-Mail-Postfach, sodass der Kunde sowohl geschäftliche als auch private Nachrichten jederzeit abrufen kann – gleichzeitig ist er aber auch in der Lage, Pausen festzulegen, sodass er bestimmen kann, wann er erreichbar ist und wann nicht. Ich denke, Sie haben verstanden, was ich meine. Niemand lässt sich manipulieren, wenn er nicht selbst auch einen Vorteil oder einen Nutzen davon hat, und dabei spielt es keine Rolle, ob Sie etwas verkaufen oder einfach ein Gespräch innerhalb der Familie führen möchten.

Es ist wissenschaftlich bewiesen, dass wir uns mehr Mühe geben, mit Menschen zu kommunizieren, die wir gerade erst kennengelernt haben. Im Falle einer Manipulation hat dies natürlich Vor- und Nachteile. Bei Fremden sind Sie automatisch aufmerksamer und vorsichtiger, Sie kennen denjenigen allerdings nicht so gut und müssen sozusagen erst noch seinen Bedarf und seine emotionalen Triggerpunkte ermitteln. Je länger Sie einen Menschen kennen, desto unbewusster wird Ihre Kommunikation. Reflektieren Sie kurz, wie aufmerksam Sie Ihrem Chef und im Vergleich dazu Ihrem Partner zuhören und antworten. Der Unterschied besteht in der emotionalen Ebene, auf der Sie sich bewegen. Auch, wenn Sie Ihren Chef schon viele Jahre kennen, ist es höchst unwahrscheinlich oder selten, dass Sie auch alles aus seiner Kindheit oder über seine Ängste wissen. Sie werden vermutlich niemals seine Wäsche waschen und auch nicht mit ihm in den Urlaub fahren. Um manipulieren zu können, ist es aber notwendig, genau hier keinen Unterschied zu machen

– einmal davon abgesehen, dass Ihre Beziehung auch deutlich besser funktioniert, solange Sie aktiv zuhören, weil Sie dadurch etwa die Hälfte aller Missverständnisse vermeiden.

Für eine alltägliche Kommunikation gibt es drei einfache Werkzeuge, derer Sie sich jederzeit flexibel bedienen können: Sie müssen aktiv zuhören und nicht nebenbei Zeitung lesen oder den Geschirrspüler einräumen, denn so riskieren Sie, wichtige Informationen zu verpassen. Wenn Sie der Meinung sind, nicht verstanden zu werden, nehmen Sie sich die Zeit und vergleichen Sie Ihr Selbstbild mit dem Bild, was Ihr Gegenüber von Ihnen hat. Wenn Sie hier Unterschiede feststellen, wissen Sie auch, wo der Fehler im Gespräch liegt – etwa, wenn sie beide unterschiedlicher Meinung sind, was die Verteilung der Aufgabenbereiche angeht. Teilweise werden Sie auch dechiffrieren, also entschlüsseln müssen. Die wenigsten Menschen sagen genau das, was sie meinen, sondern umschreiben es mit weicheren Worten aus der Angst heraus, sonst zu verletzend zu sein. Lesen Sie zwischen den Zeilen – das ist schwer, aber durchaus möglich, vor allem, wenn Sie denjenigen kennen und vorher aktiv zugehört haben.

Trotz aller Vorsicht werden Sie jedoch immer wieder auf Schwierigkeiten stoßen. Auch in diesem Fall bietet Ihnen die Kommunikation Mittel und Wege, um den Knoten zu lockern und die Situation von Neuem aufzurollen. Eine gleichermaßen einfache und schwierige Möglichkeit besteht in der Entschuldigung. Ich weiß, niemand gibt gern zu, dass er einen Fehler gemacht hat – ich schließe mich da selbst nicht aus. Sich zu entschuldigen, bedeutet, sich einzugestehen, dass man und Schwäche zu zeigen. Es sorgt aber auch dafür, dass Ihnen Ihr Gegenüber Vertrauen schenkt. Daher ist es notwendig, um aus einer verfahrenen Situation auszubrechen. Bleibt jeder stur bei seiner Meinung, werden Sie über Kurz oder Lang auf der Stelle treten und Ihrem Ziel, nämlich Ihre Bedürfnisse und Wünsche nicht nur zu äußern, sondern auch zu verwirklichen, kein Stück näherkommen.

Im Gegensatz zum Entschuldigen steht das Beschuldigen. Es ist absolut legitim, wenn Sie sich im Recht sehen und von Ihrer Meinung nicht zurückweichen möchten. Auch das symbolisiert Stärke, nur auf eine andere Art und Weise.

Dennoch ist es gerade in solchen Fällen umso wichtiger, darauf zu achten, wie Sie sich ausdrücken. Versuchen Sie, in Lösungen zu denken, anstatt in Problemen und Ihr Gegenüber nicht immer wieder darauf hinzuweisen, was er falsch gemacht hat. Beziehen Sie sich vielmehr darauf, wie Sie sich mit der Situation fühlen. Das hilft Ihnen zum einen beim Reflektieren, gleichzeitig vermeiden Sie damit jedoch auch, in eine endlose Schuldzuweisung zu rutschen und sich ohne Lösungsansätze in der Diskussion zu verfahren. Gleichzeitig ist es enorm wichtig, in der Situation zu bleiben und die Probleme nicht zu verallgemeinern. Wenn Sie sich darüber aufregen, dass Ihr Partner häufig zu spät kommt, dann versuchen Sie, einen klaren Kopf zu bewahren und sich nur darauf zu beziehen. Ich beobachte viele Paare, die in solchen Momenten vom Hundertsten ins Tausendste rutschen, sodass es am Ende nicht mehr um das eigentliche Thema geht, sondern um den nicht ausgeräumten Geschirrspüler und das nächtliche Schnarchen. Sie dürfen niemals Ihr Ziel aus den Augen verlieren und Sie werden nur dann Erfolg haben, wenn Sie ein Problem nach dem anderen angehen anstatt alle auf einmal.

Wir sehen viel zu viele Dinge mittlerweile als selbstverständlich an. Freunde stehen Ihnen in einer schweren Zeit bei und hören sich Ihre Probleme an, Ihnen wird beim Umzug geholfen oder ein Kollege nimmt Ihnen Arbeit ab, weil er mit seiner bereits fertig ist. Niemand verlangt von Ihnen, dass Sie sich bei jeder Kleinigkeit sofort mit einem Strauß Blumen bedanken, aber von Zeit zu Zeit ist so eine Geste durchaus hilfreich, um die Wertschätzung des Gegenübers zum Ausdruck zu bringen. Ihre Freunde und auch Ihre Kollegen werden nicht dazu gezwungen, zu helfen oder für Sie da zu sein – sie machen es freiwillig. Ein einfaches

„Danke“ kann Wunder bewirken und wird dafür sorgen, dass Sie treue und loyale Beziehungen erhalten.

So wie andere Personen für Sie da sind, werden Sie es mit Sicherheit auch umgekehrt sein. Unter Umständen haben Sie auch einem Kollegen die Arbeit abgenommen und diese so gut gemacht, dass Sie dafür Lob von Ihrem Vorgesetzten ernten. Darauf dürfen Sie natürlich stolz sein, denn gute Arbeit oder auch ein guter Freund zu sein, ist keine Selbstverständlichkeit. Aber auch hier gilt: Der Ton macht die Musik. Übertreiben Sie es mit Ihrem Stolz, werden Sie schnell überheblich und arrogant wirken anstatt selbstbewusst und erfolgreich. Achten Sie vor allem in solchen Momenten auf die Mimik der Menschen, die Sie an Ihrem Erfolg teilhaben lassen möchten. Ihre Familie wird sich immer für Sie freuen, wenn Sie einen guten Job gemacht haben, auch, ohne dass Sie sich lange und breit darüber auslassen, und Ihr Partner ist jederzeit stolz auf Sie. Ein klein wenig zu prahlen hilft auch dabei, dass sich die Leute an Sie wenden, wenn sie wissen, dass Sie eine bestimmte Sache gut können.

Bei einer erfolgreichen Kommunikation ist es wichtig, sich emotional nicht auf eine andere Ebene als Ihr Gesprächspartner zu begeben – was Ihnen vermutlich unbewusst passiert, sobald Sie es mit dem Eigenlob übertreiben. Achten Sie dementsprechend auf Ihre Wortwahl und hören Sie lieber einmal mehr aktiv zu, wenn Ihr Gegenüber Ihnen von seinen Erfolgen erzählt. So findet ein reger Austausch statt und niemand fühlt sich hinten angestellt.

Einsetzen von Manipulation

Manipulation soll also andere Menschen in Hinblick auf ihre Entscheidungen, Handlungen und Gefühle positiv oder negativ beeinflussen. Viele Menschen setzen Manipulation ein. Unbewusst und bewusst. Doch nun stellt sich die Frage: Wie genau kann Manipulation eigentlich eingesetzt werden?

Manipulation wird überwiegend beim Reden eingesetzt. Körpersprache kombiniert mit der Sprache soll das Gegenüber also überzeugen. Die Kunst ist also, so zu reden, dass man andere Menschen dadurch beeinflussen kann.

Die Manipulation soll sich in der Rede wie eine Überzeugung anhören. Ziel ist, dass die entsprechende Person gar nicht mitbekommt, dass sie gerade manipuliert wird. Oft wird erst im Nachhinein festgestellt, dass man manipuliert wurde.

Bemerkt man in der Situation, dass man gerade manipuliert wird, so kann der Versuch der Manipulation abgewendet werden. So ist es dann auch möglich, sich selbst die Situation mit Hilfe der Manipulationstechniken zunutze zu machen.

Wie genau das gelingt, wird in jeweiligen Kapiteln zu den Manipulationstechniken beschrieben und erläutert. Manipulation wird also vermehrt in der Rede und somit in der Konversation eingesetzt. Wie dies genau geschehen kann, soll anhand einer Rede von Goebbels angesehen und interpretiert werden. Am Ende stellt sich die Frage, ob es sich wirklich um Manipulation handelt. Darüber streiten sich nicht nur die Medien, sondern auch sämtliche Wissenschaftler. Letzen Endes muss vermutlich jeder selbst entscheiden, inwiefern diese Rede der Manipulation entspricht. Dennoch soll am Ende erläutert werden, was genau für eine Manipulation spricht und was gegen eine Manipulation.

JOSEPH GOEBBELS: REDE IM BERLINER SPORTPALAST

Joseph Goebbels studierte Germanistik und ist somit mit der Kunst der Sprache und des Redens vertraut. Von dem Jahr 1916 an war Goebbels Gauleiter für Berlin. Seine Aufgabe war es, dass sich Menschen der Partei der NSDAP zugehörig fühlen sollten und diese Partei es so schaffen sollte, in Berlin Fuß zu fassen.

Ab dem Jahr 1933 war Goebbels außerdem für die Propaganda und die „Volksaufklärung" zuständig. In diesem Amt war er bis zu seinem Tod im Jahr 1945 tätig. Um also möglichst viele Menschen zu erreichen und sie für die Partei der NSDAP zu begeistern, nutzte Goebbels Medien wie beispielsweise den Rundfunk und den Film oder greift auf die Schriftform, auf die Rede oder den Aufsatz zurück.

Um eine Rede von Goebbels richtig zu verstehen und auch die Manipulation dahinter zu erkennen, ist ein Verständnis für die Ideologie des Nationalsozialismus notwendig. Diese Ideologie kann im weiten Sinne mit einer innerweltlichen Religion beschrieben werden. Zudem baute sich die Ideologie des Nationalsozialismus auf dem Gedanken auf, dass die deutsche arische Rasse allen anderen überlegen sei. Dieses Rassedenken bildet den Mittelpunkt der nationalsozialistischen Weltanschauung. Laut ihrer Ideologie sei die deutsche Rasse darüber berechtigt, andere Völker zu führen.

Die Rede im Berliner Sportpalast wird von Goebbels im Jahr 1943 gehalten. Zehn Jahre zuvor kamen die Nationalsozialisten an die Macht. Der Kontext der Situation ist folgender: Der anfängliche Bewegungskrieg an der Ostfront ist zu einem Stellungskrieg geworden. Das Ziel Stalingrad konnte nicht erreicht werden. Große Teile der Sechsten Armee wurden geschlagen, eingekesselt oder kapitulierten. Generell war abzusehen, dass der Krieg für Deutschland nicht mehr zu gewinnen war. Auch unter den Menschen machte sich eine pessimistische Stimmung breit.

Goebbels möchte auf den totalen Krieg zurückgreifen, welcher schon bereits im ersten Weltkrieg stattfand. Der totale Krieg bedeutet, dass für den Krieg auf die gesellschaftlichen Ressourcen zurückgegriffen wird. Um diese Entscheidung an das Volk zu bringen, bedarf es einer guten Begründung. Das Volk muss also irgendwie begeistert werden, da ohne das Volk kein totaler Krieg möglich ist.

Um das Volk vom totalen Krieg zu begeistern, verfolgt Goebbels eine Strategie.

Artikel, Denkschriften, Aufsatz und als Letztes die Kundgebung sollen aufeinander aufbauen und so die Gesellschaft auf den Plan vorbereiten. Die Kundgebung soll als Startschuss für den totalen Krieg fungieren. Diese soll im Sportpalast stattfinden. Bis heute ist die Rede Goebbels unter der Rede im Sportpalast bekannt.

Doch warum soll diese Rede nun in diesem Kapitel aufgeführt werden? Diese Rede gilt als ein Musterbeispiel für Manipulation. Auch wenn es teilweise bestritten wird, dass es sich hierbei wirklich um konkrete Manipulation handelt, soll diese Rede dennoch in diesem Buch ihren Platz finden.

Die gesamte Rede kann als eine Aufforderung gesehen werden, an dem totalen Krieg teilzunehmen. Goebbels greift immer wieder auf Fragen zurück, die sich an die Zuschauer wenden. Ziel soll sein, Verbundenheit zu erschaffen und den „gemeinsamen" Willen, den totalen Krieg, zu verfolgen. Diese Fragen, zehn sind es an der Zahl, steigern sich von Frage zu Frage. Die zehn Fragen wiegeln sich gegenseitig auf und feuern so die Zuhörer an. Die vierte seiner Fragen ist wohl die bekannteste. Sie lautet: „Wollt ihr den totalen Krieg? Wollt ihr ihn, wenn nötig totaler und radikaler, als wir ihn uns heute überhaupt noch vorstellen können?" Goebbels begeistert also nicht nur das Volk für etwas, das er beschlossen hat, er fordert außerdem ihre Unterstützung. Goebbels sorgt mit der Frage an die Zuhörer „Glaubt ihr mit dem Führer und mit uns an den endgültigen totalen Sieg des deutschen Volkes?" für Hoffnung. Hoffnung auf einen Sieg, der eigentlich schon gar nicht mehr möglich ist. Dennoch sorgte der totale Krieg dafür, dass das Dritte Reich noch etwas länger existieren konnte.

Die Rede, die knapp zwei Stunden dauerte, kann die Menschen sehr wohl manipuliert haben. Bei den Zuhörern sorgte sie nicht nur für Vertrauen und Hoffnung, sondern forderte alle Bürger zur Mithilfe auf. Hierbei wurde deutlich gemacht, dass alle gleichermaßen mithelfen können. Die Entscheidung für den totalen Krieg traf Goebbels, doch die Zuhörer konnten das Gefühl haben, dass es sich um eine Volksentscheidung handelte. Das bereits angeführte Zitat greift außerdem die Hoffnung aller Menschen auf, dass der Krieg bald vorbei ist. Dieser Wunsch wird von Goebbels aufgegriffen und es scheint, als wäre es mit dem totalen Krieg möglich, den Krieg auch noch zu gewinnen. Das Personalpronomen „uns" signalisiert die Verbundenheit der Gesellschaft. Mit dieser Verbundenheit sind alle Bürger gleichermaßen bereit, etwas für das Volk zu tun und den totalen Krieg zu unterstützen.

Gegen eine Manipulation der Zuhörer spricht, dass mit dieser Rede sich vielmehr der Ideologie und der Gläubigkeit versichert werden sollte. Ebenfalls wird darüber gestritten, ob eine Manipulation der Zuhörer nur durch die Rede erfolgen konnte. Dadurch, dass andere Menschen durch Manipulation zu Handlungen und Taten gebracht werden sollen, die sie selbst nicht wollen, spricht dies ebenfalls gegen eine Manipulation von Goebbels durch die Rede im Sportpalast. Es wird sogar spekuliert, dass es für die Deutschen nach dem Krieg sehr einfach und bequem war, sich als Opfer dieser Manipulation hinzustellen und so die Verantwortung von sich zu weisen.

Auch wenn es in diesem Beispiel strittig ist, ob es sich nun wirklich bei dieser Rede um eine Manipulation handelt, ist der Grundgedanke der Manipulation durch dieses Beispiel leicht nachzuvollziehen. Das Beispiel der Rede von Joseph Goebbels zeigte, dass eine ganze Gesellschaft so erreicht und begeistert und somit auch in gewisser Weise manipuliert werden kann.

Die folgenden Kapitel sollen nun die verschiedenen Manipulationstechniken beschreiben und hinreichend darstellen sowie anhand von Übungen erläutern, wie man sich vor einer Manipulation schützen kann.

Manipulationstechniken

Im Folgenden sollen die einzelnen Manipulationstechniken detailliert vorgestellt werden. Um es anschaulicher darzustellen, werden diese Techniken mit Schritt-für-Schritt-Anleitungen sowie mit Praxisbeispielen und gegebenenfalls mit Grafiken ergänzt. Für einen schnellen Lernerfolg oder um die Techniken besser nachvollziehen zu können, werden bei den jeweiligen Techniken Übungen mit angeführt, sodass die Techniken stets verständlich und nachvollziehbar bleiben.

WAS SIND MANIPULATIONSTECHNIKEN?

Besonders oft kommen Manipulationstechniken in Gesprächen über Verhandlungen zum Einsatz. Sprich, immer dann, wenn es um zielorientierte Gespräche geht, werden Manipulationstechniken besonders häufig benutzt. Daher kann es hilfreich sein, diese Manipulationstechniken zu beherrschen, um selbst das Gespräch in eine bestimmte Richtung zu lenken und seine Ziele so einfacher zu erreichen oder aber zu wissen, wie Manipulationstechniken eingesetzt werden und was sie überhaupt sind, um einen Einsatz dieser Techniken zu erkennen und dadurch das Gespräch wieder in die eigene Richtung lenken zu können und nicht von seinen eigenen Vorstellungen abzukommen. Genauso hilfreich, wie zu wissen, wie die Manipulationstechniken angewendet werden, ist es auch hilfreich zu wissen, wie man sich gegen eine solche Manipulation schützen kann.

Manipulationstechniken sollen die Gesprächspartner überzeugen und sie so in die gewünschte Richtung lenken. Sie werden in Kombination mit der Körpersprache verwendet, um die Rhetorik, sprich den Hauptbestandteil einer Manipulationstechnik, zu verdeutlichen. Ziel hinter den Manipulationstechniken ist, das Gegenüber von sich oder dem Vorhaben zu überzeugen.

MANIPULATION DURCH WIEDERHOLUNG

Vielleicht ist Ihre Schul- oder Studienzeit schon etwas länger her, aber Sie können sich vielleicht noch an Ihre Lerntechniken erinnern. Je öfter die Lerninhalte wiederholt werden, desto leichter kann der Stoff später abgefragt werden. Bei dieser Art der Manipulation ist es im Grunde nicht anders.

Die Medien, wie beispielsweise das Fernsehen oder das Radio, spielen immer und immer wieder ähnliche, bis hin zu den gleichen Werbespots ab. Der Zuschauer wird mit diesem Produkt immer und immer wieder konfrontiert und kann gar nicht anders, als sich zu überlegen, ob er dieses Produkt nicht vielleicht doch braucht.

Doch dies gilt nicht nur in Bezug auf die Medien, sondern auch im Austausch und Gespräch mit anderen. Für manche Menschen ist es schwierig, einen Sachverhalt als ein Ganzes zu erkennen und zu betrachten. Sie sind dann dankbar, wenn ihnen gesagt wird, wie eine Situation beispielsweise einzuschätzen ist.

Besonders anfällig für eine solche Manipulation sind Menschen, die nicht besonders selbstständig sind. Angewandt wird diese Art der Manipulation häufig von Menschen, die sich als autoritär gegenüber anderen Menschen darstellen und beweisen möchten.

Je öfter man also mit einer Aussage konfrontiert wird, desto selbstverständlicher erscheint diese. Um das Beispiel der Fernsehwerbung aufzugreifen: Je häufiger der Zuschauer mit einem Produkt aus einer Werbung konfrontiert wird, desto selbstverständlicher erscheint der Sinn des Produkts oder das Produkt selbst. Zusätzlich wird Vertrauen zu der Marke und dem Produkt selbst geschaffen.

Werden Aussagen in einem Gespräch wiederholt, werden diese ebenso immer selbstverständlicher. Es wird also irgendwann gar nicht mehr hinterfragt oder angezweifelt.

Übung

Nehmen Sie sich doch einen Abend bewusst vor, auf die Aussagen und die damit verbundenen Botschaften in der Fernsehwerbung zu achten. Sie werden nicht nur bewusst merken, dass sich die Spots wiederholen, sondern auch, auf welche Weise die Aufmerksamkeit und das Interesse des Kunden geweckt wird. Es werden die positiven Eigenschaften des Produkts oder der Firma hervorgehoben und betont, warum genau dieses Produkt so einzigartig ist.

Achten Sie doch mal auf die genauen Formulierungen. Sie werden feststellen, dass in der kurzen Zeit wichtige Informationen kombiniert mit Bildern oder Videosequenzen dafür sorgen, dass sich der Zuschauer angesprochen fühlt. Je öfter Sie sich eine Werbung ansehen, desto selbstverständlicher werden die positiven und einzigartigen Eigenschaften des Produkts. Sie werden es gar nicht mehr anzweifeln, da Sie es so oft hören und wahrnehmen.

Wenn Sie dieses Produkt dann auch noch im Supermarkt finden, werden Sie sich direkt an die positiven Eigenschaften und seine Unterscheidungen zu anderen Produkten erinnern. Es kann sich also so anfühlen, als kennen Sie das Produkt bereits, obwohl Sie es noch nie wirklich getestet haben.

Fallbeispiel für Manipulation durch Wiederholung im Gespräch

Bei der Arbeit sind der Kontakt und somit auch die Gespräche mit Kollegen nicht vermeidbar. In diesen Gesprächen dreht es sich meistens um die Arbeit und die aktuelle Aufgabe. Ein Kollege wiederholt häufig, dass ein Produkt der Firma viel Umsatz bringt. Nun soll es erstmal egal sein, ob diese Aussage stimmt oder nicht stimmt.

Es handelt sich jedoch um eine Aussage, die das Gegenüber nicht besser wissen kann. Es kann also nicht gegen diese Behauptung argumentiert werden. Je öfter der Kollege diese Aussage wiederholt, desto bekannter wird sie einem vorkommen und desto weniger wird diese Aussage hinterfragt. Außerdem steigt die Glaubwürdigkeit, je öfter die Aussage wiederholt wird. Die Aussage, dass das Produkt viel Umsatz bringt, wird immer wahrer für das Gegenüber und es nimmt genau diese Haltung ein. Die Haltung ist in diesem Fall, dass die Aussage als wahrheitsgemäß angesehen und nicht hinterfragt wird. Denn wenn es so oft gesagt wird, muss es ja auch stimmen. In Arbeit mit anderen Projekten wird automatisch der angebliche Erfolg des besagten Produktes im Hinterkopf behalten und immer damit verglichen.

Um die Manipulation durch Wiederholung im Gespräch noch zu verdeutlichen, soll ein weiteres Fallbeispiel ergänzt werden:

Stellen Sie sich einmal vor, dass Sie mit Ihrer Leistung, die Sie im Studium, in der Schule oder bei der Arbeit erbringen, nicht zufrieden sind. Sie würden gerne besser sein und möchten sich selbst die schlechten Leistungen nicht eingestehen. Ihr Umfeld interessiert sich sehr dafür, wie Ihre Noten in der Schule oder in der Uni sind. Sie möchten Ihrem Umfeld nicht von diesen schlechten Noten und Ihrer Unzufriedenheit erzählen. Noch bevor jemand fragen kann, erzählen Sie, wie zufrieden Sie mit Ihrer Leistung sind und welche guten Noten Sie letztens in der Klausur geschrieben haben. Genau diese Aussage wiederholen Sie häufig, wenn Sie das Umfeld treffen. Damit verfolgen Sie nicht nur die Intention, dass nicht nach Ihren Noten gefragt wird. Zudem glauben Sie, dass diese Aussagen ein Gefühl von Stolz transportieren. Je öfter Sie Ihrem Umfeld von diesen Erfolgen erzählen, desto glaubwürdiger wird dies nicht nur für Ihr Umfeld, welche nicht mehr anzweifeln, dass Sie wirklich gut sind, sondern auch für Sie selbst. Sie fangen also auch an, diese Aussagen selbst zu glauben und sie als wahrheitsgemäß aufzufassen.

Was kann aus diesem Fallbeispiel für sich selbst mitgenommen werden? Es lässt sich feststellen, dass Aussagen, die öfter wiederholt werden, als glaubwürdiger angesehen werden. Eine Aussage wird als

Tatsache angesehen, wenn sie immer und immer wieder wiederholt wird. Gleiches gilt auch für die Medien. Je öfter ein Werbespot im Radio oder im Fernsehen läuft, desto mehr Vertrauen und Glaubwürdigkeit wird zu dem Produkt und der damit verbundenen Marke geschaffen.

Schritt-für-Schritt-Anleitung

Sicherlich stellt sich nun die Frage, wie Sie sich gegen diese Manipulationstechnik schützen können beziehungsweise wie Sie vorgehen sollten, wenn Sie das Gefühl haben, dass Sie in einer Konversation an eine solche Manipulationstechnik geraten sind.

1. Zunächst ist es wichtig zu merken, wenn sich bestimmte Aussagen wiederholen. Wenn Ihnen etwas bekannt vorkommt und Sie das Gefühl haben, dass Ihr Gegenüber diese Aussage schon mehrmals gesagt hat, ist es wichtig, sich über die Motivation der Person klar zu werden. Fragen Sie sich, warum diese Aussage wohl ständig wiederholt wird. Natürlich können Sie das nicht so genau wissen, aber vielleicht haben Sie ja bereits eine Vermutung. Möchte Ihr Gegenüber von etwas ablenken? Soll Ihnen eine andere Tatsache nicht auffallen? Sollen Sie in dem Glauben sein und bleiben, dass diese Aussage stimmt, auch wenn klar ist, dass dem eigentlich nicht so ist? Wichtig ist hierbei, sich so gut wie möglich in die Lage der manipulierenden Person hineinzuversetzen. Es bringt wenig, die Person direkt mit diesem Vorwurf der Manipulation zu konfrontieren und womöglich in einen Konflikt zu geraten. Möglichweise steckt hinter einer solchen Wiederholung auch eine Unsicherheit der Person. Überlegen Sie einmal, wie Sie sich wohl in der Situation der Person fühlen würden. Meist erschließt sich so bereits eine mögliche Motivation.

2. Auch der Kontext, in dem die Wiederholung der Aussagen auftritt, ist wichtig. Wiederholt die Person eine Aussage immer in einer bestimmten Situation? Beispielsweise dann, wenn es gerade um eine Aufgabe von

der Person geht oder wenn vielleicht über die persönlichen Erfolge gesprochen wird?

Manchmal ist auch durch die Erschließung des Kontextes eine Motivation zu erkennen. Diese sollte dann mit Ihren Überlegungen aus dem ersten Schritt abgeglichen werden. Möchte die Person so vielleicht Selbstwertgefühl ausstrahlen und sicherer rüberkommen? Möchte sie sich an dem Gespräch beteiligen und nicht das Gefühl haben, ausgeschlossen zu werden? Ist es vielleicht wirklich so, dass Sie diese Person in gewissen Situationen ausschließen? Je besser Sie sich in die Lage der Person hineinversetzen können, desto einfacher kann es sein, einer erneuten Anwendung dieser Manipulationstechnik vorzubeugen.

3. Meist ist es ratsam, sein eigenes Handeln ebenso zu hinterfragen. Betonen Sie vielleicht selbst, wie gut Sie manche Aufgaben erledigen? Fühlt sich Ihr Gegenüber vielleicht nicht ernstgenommen? Möchte die Person dazugehören und das Gefühl haben, dass sie und ihr Handeln gesehen werden? Wenn Sie einen solchen Eindruck haben, versuchen Sie in der nächsten Situation die Person in Gespräche einzubeziehen. Erkundigen Sie sich, wie es ihr geht. Vielleicht auch, je nach Situation, was die eigenen Tätigkeiten machen?

Bieten Sie der Person vielleicht an, einen Kaffee trinken zu gehen. Geben Sie der Person das Gefühl, dass sie geschätzt und gesehen wird. Beobachten Sie, ob die Wiederholungen weniger werden. Andernfalls kann ein Gespräch mit der Person helfen. Vielleicht fällt ihr dies gar nicht wirklich auf und eine Manipulation wäre somit auch nicht gewollt.

EXKLUSIVITÄT

Die Manipulation durch die Medien soll auch bei dieser Manipulationstechnik aufgegriffen werden. Bei der Manipulationstechnik der Exklusivität geht es darum, dem Gegenüber eine Knappheit klar zu machen.

Beispielsweise, dass bei der Vorstellung von Produkten im Fernsehen klargemacht wird, dass die Anzahl der Produkte stark begrenzt ist und die Kunden deshalb schnell sein sollten, um ein solches Produkt noch zu bekommen. Das Ziel dahinter soll sein, dass mögliche Käufer des Produkts durch die Knappheit zu einem Kauf animiert werden sollen. Schließlich kann es ja sein, dass wenn zu lange überlegt wird, das Produkt nicht mehr erhältlich ist. Diese Knappheit an Produkten ist von den Herstellern allerdings bewusst so gewählt. Der Grund ist, dass die Produkte dadurch begehrter werden und in der nächsten Zeit nicht mehr auf dem Markt zu kaufen sein sollen. Die Produkte sollen also exklusiv sein und exklusive Angebote oder Produkte locken natürlich potenzielle Käufer. Denn schließlich ist es etwas Besonderes.

Die Manipulation durch eine Knappheit von Produkten wird hier also bewusst eingesetzt und ist auch so gewollt. Es soll also gekauft werden, ohne sich wirklich zu fragen, ob dieses Produkt wirklich benötigt wird. Doch nicht nur durch dieses Angebot an sich wird bewusst manipuliert. Es wird zudem in die persönliche Entscheidungsfreiheit des Kunden eingegriffen. Denn es muss schnell gehandelt werden, sonst ist es zu spät. Sprich: Das Produkt muss schnell gekauft werden, bevor es auf dem Markt nicht mehr zur Verfügung steht.

Besonders häufig begegnen einem diese Angebote oder die „knappen" Produkte bei Auktionen, Sonderangeboten oder Schlussverkäufen.

Doch diese Art der Manipulation lässt sich nicht nur in den Medien finden. Auch im Arbeitsleben ist diese Art weit verbreitet. Hier geht es allerdings natürlich nicht um eine Knappheit von Produkten, sondern beispielswiese um Plätze bei begehrten Projekten.

Es werden also nicht selten begrenzte Plätze in Gruppenarbeiten oder Projekten ausgeschrieben. Denn was begrenzt ist, ist auch irgendwie direkt begehrt. Diese begrenzten Plätze führen also dazu, dass viele Mitarbeiter an diesem Projekt oder an der besonderen Arbeit teilnehmen möchten. Dies hat natürlich auch für die Geschäftsleitung einen

Vorteil. Denn so können die besten oder die am besten geeigneten Mitarbeiter herausgefiltert werden.

Übung

Aber wie kann diese Art der Manipulation erkannt werden und vor allem, wie kann damit umgegangen werden?

Zunächst einmal ist es wichtig, über dieses Angebot, egal in welcher Situation, sachlich und nüchtern nachzudenken. Ist es für Sie persönlich wirklich wichtig, dieses Produkt zu haben oder an diesem Projekt der Firma teilzunehmen? Würden Sie sich wirklich ärgern, nicht daran teilgenommen zu haben oder das Produkt nicht gekauft zu haben?

Denken Sie daran, dass Sie kein schlechtes Gewissen haben müssen, wenn Sie beispielsweise an diesem Projekt der Firma nicht teilnehmen wollen oder bei dem exklusiven Angebot auf dem Flohmarkt nicht zuschlagen möchten. Vor allem aber, handeln Sie nicht zu voreilig. Sie können einige Minuten über dieses Angebot oder dieses Projekt nachdenken und die Vor- und Nachteile abwägen. Diese Entscheidung müssen Sie nicht eilig treffen.

Um dies zu trainieren, kann es helfen, sich bewusst mit dieser Manipulationstechnik auseinander zu setzen. Häufig finden in Möbelhäusern exklusive Schlussverkäufe statt, wo Produkte angeblich stark reduziert sind. Natürlich gilt: Nur solange der Vorrat reicht. Häufig fallen einem in solchen Situationen viele Dinge ein, dessen Kauf für Sie lohnenswert wäre.

Doch bevor Sie zu einem Produkt im Laden greifen, atmen Sie doch einmal tief durch und fragen Sie sich, ob Sie dieses Produkt nun wirklich brauchen und vor allem auch dafür Verwendung haben oder ob Sie dieses nur kaufen möchten, weil der Bestand gerade knapp ist und sich diese Gelegenheit laut den Herstellern sonst nicht mehr anbietet. Denn wenn Sie darüber nachdenken müssen, ob Sie wirklich dafür Verwendung finden oder wo Sie es verwenden können, sollten Sie von einem

Kauf mit ruhigem und gutem Gewissen absehen.

Tipps

Wenn ein Produkt nur für eine bestimmte Zeit erhältlich ist und somit die Besonderheit des Produkts angeblich besonders hoch zu sein scheint, ist das Verlangen schnell da, zuzuschlagen, bevor es zu spät ist. Aber was ist eigentlich, wenn man zu spät ist? Ändert sich für Sie persönlich etwas?

Im Grunde ist dies schon der erste Tipp. Bevor Sie etwas kaufen, nur weil es für einen begrenzten Zeitraum verfügbar ist, sollten Sie über die Folgen nachdenken. Ganz grob gesagt wird sich die Welt auch weiterdrehen, wenn Sie dieses Produkt nicht gekauft haben. Häufig ist es sogar so, dass die Produkte, die angeblich hoch exklusiv sind, gar nicht so exklusiv sind und für einen langen Zeitraum erhältlich sind oder sogar fest in das Sortiment der Firma aufgenommen werden. Auch wenn mit exklusiven und besonders verlockenden Angeboten geworben wird, sollte auf das eigene Geld geachtet werden.

Das mag nun vielleicht etwas seltsam klingen. Doch ist es Ihnen das wert, ein Produkt zu kaufen, nur weil es gerade super exklusiv ist oder ein besonderes Angebot lockt und es sich lohnt, schnell zu sein? Brauchen Sie das Produkt überhaupt? Hilfreich kann es zudem sein, sich auszurechnen, wie viele Stunden Sie für diesen Artikel arbeiten müssen. Ist es Ihnen das Produkt noch immer wert? Achten Sie auch in der Zeit vor und nach solchen Aktionen darauf, wie sich der Bestand/die Preise verhalten. Nicht selten werden die Preise vor einer solchen Aktion in die Höhe getrieben, damit es schlussendlich so aussieht, dass eine solche Reduzierung oder Angebot besonders exklusiv und lohnenswert ist. Dabei ist es das in Wirklichkeit gar nicht. Beobachten Sie dies doch mal.

Wie lange wird eigentlich für ein Produkt geworben, welches doch nur für einen bestimmten Zeitraum erhältlich sein soll und wenn es weg ist, ist es weg? Nicht selten befinden sich solche Produkte noch recht lange auf dem Markt, sodass sich ein schneller Kauf auf keinen Fall lohnt.

PRINZIP DER GEGENSEITIGKEIT

Die Manipulationstechnik „Prinzip der Gegenseitigkeit" wird auch Reziprozitätsregel genannt. Aber was macht diese Manipulationstechnik eigentlich aus?

Um bei Menschen ein schlechtes Gewissen hervorzurufen, wird häufig auf kleine Gefälligkeiten zurückgegriffen. Das Prinzip der Gegenseitigkeit hat einen großen Stellenwert in der Gesellschaft. Die Gegenseitigkeit sollte in einem ausgeglichenen Austausch passieren, damit alle Beteiligten zufrieden sind. Für viele Menschen ist es selbstverständlich, auf eine materielle Aufmerksamkeit oder einen Gefallen ebenfalls eine Aufmerksamkeit zurück zu bringen. „Gleiches für Gleiches" sozusagen. Doch es ist nicht unüblich, dass das Geben und Nehmen auch ausgenutzt werden. Für das Gegenüber entsteht dann das Gefühl, einen Gefallen zurückgeben zu müssen. Dies sorgt dafür, dass man sich verpflichtet fühlt und diese Gefälligkeiten eben nicht mehr aus freien Stücken heraus macht. So, wie es ja eigentlich sein sollte.

Fallbeispiel

Auch hier soll zum besseren Verständnis ein Fallbeispiel folgen: K. hat eine neue Wohnung gefunden und möchte demnächst umziehen. F. bietet direkt seine Hilfe an und drängt sich regelrecht auf. Die Person betont immer wieder, dass er gerne helfe und das absolut kein Problem sei. K. freut sich natürlich über diese angebotene Hilfe. Denn schließlich ist ein Umzug mit viel Stress verbunden und ohne helfende Hände fast gar nicht zu schaffen. Auch wenn F. die Hilfe freiwillig angeboten hat und immer wieder klarmacht, dass dies kein Problem sei, hat K. dennoch ein schlechtes Gewissen. Eine Hand wäscht schließlich die andere.

K. weiß also nicht recht, wie die Hilfe von F. zurückgegeben werden kann. F. hilft wirklich tatkräftig bei dem Umzug von K. mit, sodass dieser schnell vonstattengeht. Ein paar Tage nach dem Umzug meldet sich F. bei K. und verlangt ebenfalls einen Gefallen. K. hat natürlich noch viel mit dem Einzug zu tun und ist auch sonst zeitlich sehr eingespannt, sodass der Gefallen nicht gerade gelegen kommt. Aufgrund des schlechten Gewissens kann K. aber gar nicht anders, als „Ja" zu sagen. K. nimmt den Gefallen von F. also an und erfüllt diesen. F. ist allerdings immer wieder der Meinung, dass K. noch nicht genug gemacht habe, um die Hilfe bei dem Umzug wieder gut zu machen und fordert weitere Gefallen. F. nutzt also nicht nur das schlechte Gewissen von K. aus, sondern sorgt auch dafür, dass dieses schlechte Gewissen bestehen bleibt, indem immer wieder auf das Argument „Ich habe dir doch bei deinem Umzug geholfen." zurückgegriffen wird. K. versucht also alles, um das schlechte Gewissen loszuwerden und „arbeitet" die große Gefälligkeit, nämlich die Hilfe, welche F. bei dem Umzug gegeben hat, in Form von weiteren Gefälligkeiten ab.

Dieses Fallbeispiel soll genau das erläutern, was bereits in der Beschreibung erklärt wurde. Es wird auf das Prinzip „Gleiches für Gleiches" zurückgegriffen. Eine Manipulation erfolgt also dadurch, dass das schlechte Gewissen einer anderen Person ausgenutzt und für die eigenen Zwecke benutzt wird.

Übung

Auch, wenn das Prinzip der Gegenseitigkeit wahrscheinlich jedem bekannt ist, soll nun eine kleine Übung folgen.

Es gibt einem selbst auch ein sehr gutes Gefühl, wenn etwas für jemand anderes gemacht werden kann. Egal, ob es die Hilfe bei dem Tragen eines schweren Einkaufes ist oder die Hilfe bei einer schwierigen Aufgabe, mit der jemand anderes gerade zu kämpfen hat. Die Möglichkeiten sind unbegrenzt und anderen Menschen kann so leicht eine Freude gemacht werden. Bieten Sie doch jemandem Hilfe an oder nehmen Sie der Person Arbeit ab. Die Person wird wahrscheinlich das Gefühl haben, sie sei Ihnen nun auch einen Gefallen oder Hilfe schuldig. Umso mehr wird sie sich dann freuen, wenn Sie für die Hilfe keinen anderen Gefallen haben wollen.

Auch wenn es in der Gesellschaft so verankert ist, dass solche Gefälligkeiten zurückgegeben werden sollten, kann gerne mal aus diesem Denken ausgebrochen werden und anderen Menschen eine Art der Freude gemacht werden.

Doch was soll diese Art der Übung nun Ihnen bringen? Häufig kommt bei dem Einlösen eines Gefallens eine gewisse Erwartungshaltung hoch. Die Erwartung, dass das Gegenüber einem nun einen Gefallen schuldet. Dies sorgt bei dem Gegenüber selbstverständlich für ein schlechtes Gewissen, wenn dieser Gefallen nicht direkt „zurückgegeben" werden kann. Diese Übung soll helfen, sich von dieser Erwartungshaltung loszumachen, denn wo keine Erwartung und auch kein schlechtes Gewissen bei dem Gegenüber herrscht, da kann auch die Manipulationstechnik „Prinzip der Gegenseitigkeit" nicht funktionieren.

Diese Übung soll helfen, die eigene Erwartungshaltung sowie das schlechte Gewissen zu umgehen und anderen Menschen durch Hilfe oder kleine Gefälligkeiten eine Freude zu bereiten. Dieses sorgt natürlich auch für ein gutes Gefühl bei einem selbst.

Schritt-für-Schritt-Anleitung

Sicherlich waren Sie selbst schon einmal in der Situation, dass Sie selbst gern Hilfe gegeben haben und dafür gern auch Hilfe zurückbekommen hätten. Nicht jeder traut sich generell nach Hilfe zu fragen oder diese bei einer vorangegangenen Gefälligkeit auch einzufordern. Diese Anleitung soll dabei helfen, genau dies zu erlernen:

1. Kommunizieren Sie mit Ihrem Gegenüber schon im Vorfeld, welche Gefälligkeiten ausgetauscht werden sollen. So erleben weder Sie noch

Ihr Gegenüber eine böse Überraschung. Geht es zum Beispiel darum, dass Ihr Gegenüber Hilfe bei einer Aufgabe benötigt und Sie im Gegensatz Hilfe bei einer Präsentation, sollte dies klar kommuniziert werden. So fühlt sich im Anschluss niemand dazu verpflichtet, eine Gefälligkeit zurück zu bringen, die so nie abgesprochen war und einen vielleicht auch selbst überfordert. Genauso wird verhindert, dass Sie oder Ihr Gegenüber mehrere Gefälligkeiten einfordern können. Es bleibt also stets fair.

2. Wenn Sie Ihr Gegenüber nach Hilfe fragen, sprechen Sie ab, ob dieser überhaupt die Zeit hat, die Hilfe zu geben. So wird verhindert, dass sich Ihr Gegenüber verpflichtet fühlt und diese Hilfe eigentlich gar nicht geben kann. Akzeptieren Sie, wenn Ihr Gegenüber keine Zeit hat und zeigen Sie Verständnis für diese Absage. Andernfalls wird Ihr Gegenüber in der Zukunft nicht bereit sein, weitere Hilfe zu geben oder geschweige denn anzubieten.

3. Wenn Sie Schwierigkeiten haben, andere um Hilfe oder einen Gefallen zu bitten, kommunizieren Sie dies offen. Ihr Gesprächspartner wird sich in Ihre Situation hineinfühlen können und Ihnen sogar das Gefühl geben, dass es gar nicht schlimm ist, nach Hilfe zu fragen. Je offener Sie mit dieser Situation umgehen, desto leichter wird es Ihnen fallen, in Zukunft nach Hilfe zu fragen.

Um sich darauf vorzubereiten, können Sie sich Sätze überlegen, auf die Sie im Gespräch zurückgreifen können. Beispiele wären: „Ich frage ja echt ungern nach Hilfe und das fällt mir auch sehr schwer, aber ich komme alleine bei XY nicht weiter. Würdest du mir vielleicht helfen?“ So kommunizieren Sie zum einen, warum Sie diese Hilfe benötigen und zum anderen Ihre eigene Gefühlslage dabei. Phrasen wie beispielsweise „Können wir uns XY zusammen anschauen, wenn du mal eine freie Minute hast?“ helfen nicht dabei, dem Gegenüber das Gefühl zu geben, dass dieser eine Aufgabe für Sie übernehmen soll, sondern dass lediglich nach Hilfestellung gefragt wird.

Hilfreich kann es zudem sein, klarzumachen, dass diese Hilfe selbstverständlich auch gerne zurückgegeben wird, sollte sie benötigt werden.

4. Falls Sie nach einer Gefälligkeit fragen möchten, machen Sie klar, warum Sie nach dieser Gefälligkeit fragen. Ist Ihnen vielleicht privat etwas dazwischengekommen? Geht es Ihnen gesundheitlich nicht gut? Es gibt verschiedene Gründe, warum nach Gefälligkeiten gefragt wird. Je ehrlicher Sie da mit Ihrem Gegenüber sind, desto einfacher und besser kann dieser sich in Ihre Lage hineinversetzen und wird eher bereit sein, diese Gefälligkeit für Sie zu übernehmen. Machen Sie auch klar, dass Sie der Person auch eine Gefälligkeit zurückgeben würden.

Entweder wird Ihr Gegenüber früher oder später auf diese Gefälligkeit zurückkommen oder er wird keine Gefälligkeit verlangen. Falls Sie sich nicht sicher sind, können Sie in der nächsten Zeit noch einmal nachfragen, ob Sie etwas für Ihr Gegenüber tun können. Dies symbolisiert Ihrem Gegenüber ehrliches Interesse und verdeutlicht die Gegenseitigkeit. Zudem wird sich Ihr Gegenüber nicht ausgenutzt fühlen.

5. Auch in diesem Fall gilt, versetzen Sie sich in die Lage Ihres Gegenübers. Würden Sie selbst einer Person helfen, die keine Dankbarkeit zeigt und es eher den Eindruck macht, dass diese Aufgaben und Tätigkeiten auf Sie abwälzen möchte? Vermutlich eher nicht, oder?

Genauso möchte sich Ihr Gegenüber in Ihre Lage hineinversetzen. Warum brauchen Sie Hilfe? Woran scheitert es vielleicht? Wie fühlen Sie sich? Was hat Ihr Gegenüber auch eventuell von dieser Gefälligkeit? Je besser sich dieser in Ihre Lage hineinversetzen kann, desto lieber wird dieser Ihnen helfen oder eine Gefälligkeit für Sie tun.

Letzten Endes ist es genauso wichtig, auch anderen Leuten zu helfen und Gefälligkeiten zu geben. So werden Sie zum einen als hilfsbereite

Person wahrgenommen und zum anderen werden andere Leute auch genauso gerne etwas für Sie tun.

BEHARRUNGSFALLE

Häufig zahlt sich Hartnäckigkeit aus. Doch dass dieses Prinzip sich auch der Manipulation bedient, ist nicht vielen bewusst. Häufig passiert es, dass aus einem kleinen Gefallen deutlich mehr wird. Nicht selten fühlt sich die betreffende Person ausgenutzt. Der kleine Gefallen kann hierbei als Lockung gesehen werden, denn wer sich auf diesen einlässt, kann dann auch später nicht mehr „Nein" sagen.

Vielleicht können Sie sich unter dieser Manipulationstechnik nicht wirklich etwas vorstellen. Das folgende Praxisbeispiel soll die Thematik rund um die Beharrungsfalle näher erläutern.

Praxisbeispiel

Ein Kollege bietet Sie um Hilfe. Er hat eine bestimmte Aufgabe für ein Projekt nicht verstanden, an dem er gerade arbeitet. Er fragt Sie, ob Sie sich nicht einmal diese Aufgabe ansehen können, um abzuschätzen, ob Sie diese vielleicht verstehen und ihm die erklären können. Sie sind einverstanden und schauen sich die Aufgabenstellung an.

Die Aufgabenstellung ist für Sie verständlich, sodass Sie diese dem Kollegen erklären. Der Kollege versteht es nach der Erklärung trotzdem nicht, er fragt Sie aus diesem Grund, ob Sie die Aufgabe für ihn nicht erledigen können, da Sie diese ja verstanden hätten und er nicht. Sie können hier schlecht „Nein" sagen und sagen zu, wobei Sie eigentlich genügend andere Aufgaben hätten, die Sie bearbeiten müssen. Sie wissen nicht, wie Sie aus der Situation herauskommen können und sagen deshalb zu.

Die Frage nach dem Verstehen eines Textes diente in diesem Beispiel als „Türöffner". In dem Moment, in dem Sie sich bereit erklären, sich die Aufgabe anzusehen, da Sie gerne helfen möchten und es bisher ja auch nur um das reine Verstehen geht, können Sie bei der Übernahme einer ganzen Aufgabe schlechter „Nein“ sagen.

Angenommen, es passiert Ihnen diese Situation und Sie fragen sich, wie Sie aus dieser Aufgabe wieder herauskommen können, soll hier nun eine kleine Art der Anleitung folgen.

Anleitung

Anderen Menschen zu helfen ist ein schönes Gefühl und dies wird auch gern gemacht. Doch nicht selten wird auch diese Hilfsbereitschaft ausgenutzt. Wenn Sie sich also, wie in dem Praxisbeispiel, dazu bereit erklären, sich die Aufgabe anzusehen und Sie jemand anderem erklären, können Sie dennoch die Bearbeitung der Aufgabe mit gutem Gewissen ablehnen. Wenn Sie ein gutes Bauchgefühl haben und noch genügend Zeit, um diese Aufgabe zu übernehmen und dies wirklich aus freien Stücken heraus tun wollen, spricht nichts dagegen. Doch wenn Sie die Aufgabe zeitlich eigentlich gar nicht schaffen können, da Sie noch genügend andere Aufgaben und Projekte zu erledigen haben, so ist es auch kein Problem, die Aufgabe abzulehnen.

Sie sind schließlich nicht für den Erfolg der Arbeit Ihres Kollegen zuständig. Auch mit dieser Entscheidung können Sie sich Zeit lassen. Aber vor allem: Haben Sie kein schlechtes Gewissen, wenn Sie diese Aufgabe nicht übernehmen möchten oder können.

Anleitung zur Anwendung

Aber wie können Sie diese Manipulationstechnik selbst anwenden? Worauf ist zu achten und vor allem, welchen Erfolg verspricht diese Technik?

Die Beharrungsfalle wird auch die „Fuß-in-der-Tür-Technik“ genannt. Um andere Leute dazu zu bringen, Erledigungen oder Aufgaben für Sie zu machen, sollten Sie also mit einer Eröffnung anfangen. Gelingt diese Eröffnung, so wird das Gegenüber leichter „Ja" sagen.

Das erste Ziel soll sein, dass das Gegenüber einen Schritt in die von Ihnen gewünschte Richtung macht. Häufig kommt diese Art der Manipulation in der Arbeitswelt zum Einsatz, doch auch im privaten Raum kann diese Manipulationstechnik angewendet werden.

Mögliche Sätze könnten beispielsweise sein: „Du hast dich mit dem Thema XY letztens beschäftigt, oder? Ich habe eine Aufgabe/Projekt dazu und bin mir nicht ganz sicher, ob XY Informationen richtig sind, könntest du da nicht mal drüber sehen? Ich bin mir dabei sehr unsicher."

Mit dieser Aussage wird ausgedrückt, dass sich das Gegenüber bereits mit dieser Thematik beschäftigt hat. Das kann für diese Person ein Gefühl der Anerkennung auslösen, da andere Leute sich daran erinnern und die Arbeit somit also nicht schlecht gewesen sein muss. Außerdem wird die eigene Gefühlslage zu dieser Aufgabe zum Ausdruck gebracht, nämlich dass Unsicherheit herrscht und das Gegenüber Sicherheit in Bezug auf die Aufgaben bringen könnte. Das Fragen nach Hilfe beziehungsweise das Fragen, ob über diese Informationen nicht einmal drüber gelesen werden kann, ist der „Türöffner". Im Idealfall ist die Person damit einverstanden und sieht sich diese Informationen an und bewertet diese mit „wahr" und somit auch richtig oder mit „falsch" und somit nicht für die Aufgabe brauchbar. Ist dieser erste Schritt erstmal getan und die Person hat sich mit dieser Aufgabe auseinandergesetzt, wird sie wahrscheinlich auch bei dem nächsten Schritt nicht abgeneigt sein. Sind diese Informationen die richtigen und somit wahr, könnte auf das Problem der Unsicherheit weiter angespielt werden und versucht werden, dass das Gegenüber entweder einverstanden ist, die Thematik und eventuell die Informationen zu erläutern und zu erklären oder Material, welches für die eigene Bearbeitung schon genutzt wurde, weiterzugeben.

Sind diese Informationen falsch und somit für die Bearbeitung nicht zu gebrauchen, würde ebenfalls der Ausdruck der Unsicherheit dazu führen können, dass andere Informationen zur Bearbeitung von Ihrem

Gegenüber zur Verfügung gestellt werden.

Da es gewollt ist, dass diese Aufgabe übernommen wird, könnte nach dem „Türöffner“ die Frage nach einer Erklärung beziehungsweise nach Hilfe folgen. Dadurch, dass bereits ausgedrückt wurde, dass sich das Gegenüber mit der Thematik bereits auseinandergesetzt hat und dies sogar erfolgreich, wird die Person höchstwahrscheinlich auch bei der Frage nach Hilfe nicht abgeneigt sein oder diese verweigern. Denn sie kann sich ja in die eigene Situation hineinfühlen und diese Situation nachempfinden. Vielleicht wird sie auch daran denken, dass sie selbst in einer gleichen Situation auch gerne Hilfe bekommen hätte.

Im Idealfall lässt sich die Person also auf die Frage nach Hilfe ein und versucht die Thematik und die Informationen näher und vor allem genauer zu erklären. Da die eigene Beschäftigung zugrunde liegt, wird sie immer wieder auf diese zurückgreifen.

Es können also mit dieser Hilfe die Aufgaben schnell bearbeitet werden, denn genauere Erläuterungen und vor allem die Kenntnis der anderen Person sind eine große Hilfe. Sollten die Aufgaben mit diesen Erklärungen noch nicht bearbeitet werden können, kann auf eigene Ideen zurückgegriffen werden. Diese Ideen können vorgestellt werden und mit einem „nicht wahr?“ oder einem „oder?“ auf Richtigkeit überprüft werden. Stellt das Gegenüber bei der Erklärung und diesen Ideen fest, dass diese falsch sind oder das Thema gar nicht verstanden wurde, wird sie die Information mit richtigen ergänzen, erweitern oder sogar die richtige Lösung vorgeben. Aber auch eine Erklärung kann hier hilfreich sein, denn sie helfen für die Bearbeitung der Aufgaben genauso.

Mit der Hilfe der Person konnten die Aufgaben schnell bearbeitet werden und man kann sich sicher sein, dass diese auch richtige Lösungen und vor allem Informationen enthalten. Außerdem musste nicht wirklich selbst daran gearbeitet oder in die Thematik hineingearbeitet werden, da die Person mit ihrer Hilfe die Antworten überprüft, Hilfe geboten und sogar die Thematik erklärt hat.

Nun soll noch eine kurze Erklärung ohne Beispiel folgen:

Die Frage nach Hilfe kann mit eigenen Empfindungen ergänzt werden. Das sorgt dafür, dass sich das Gegenüber in die eigene Lage hineinversetzen kann und weiß, welche Emotionen mit dieser Aufgabe gekoppelt sind.

Es wird immer ein „Türöffner" benötigt, dann kommt das Gegenüber einem in dem ersten Schritt bereits entgegen, so ist auch eine weitere Hilfe/eine Übernahme der Aufgabe nicht auszuschließen. Ein „Türöffner" kann eine sehr spezifische Frage sein, die auf die gesamte Thematik hindeutet oder eine Verständnisfrage.

Ist das Gegenüber zur Mithilfe, aber nicht zur ganzen Übernahme der Aufgabe bereit, kann mit Fragen wie „Nicht wahr?" oder „Stimmt das so?" die Richtigkeit sowie der Standpunkt des Gegenübers gedeutet und analysiert werden.

Sollte das Gegenüber überhaupt nicht zur Mithilfe bereit sein und auch nicht auf die „Türöffner" Frage eingehen, sollte nicht weiter auf die Mithilfe beharrt werden. Denn sonst wird das Gegenüber auch in der Zukunft nicht mehr zur Hilfe oder gegebenenfalls zur Übernahme der Aufgaben bereit sein.

Tipps

Sollten Sie selbst in eine solche Situation geraten und nicht genau wissen, wie Sie die Übernahme der Aufgabe ablehnen können oder generell aus der Nummer rauskommen können, werden Ihnen diese aufgeführten Tipps sicherlich helfen.

1. Der erste Tipp klingt wahrscheinlich sehr leicht, ist er in der Realität aber nicht, weswegen eine genauere Erklärung folgen wird. Haben Sie kein schlechtes Gewissen, wenn Sie „Nein" sagen. Aber so ein schlechtes Gewissen erwischt einen selbst schneller, als einem eigentlich lieb ist. Daher, wie wird man dieses schlechte Gewissen wieder los? Führen Sie

sich vor Augen, welche Gründe Sie zu dem „Nein“ bewegt haben. Wenn Sie eigene Aufgaben zu tun haben, die erledigt werden müssen, oder wenn Sie sich zurzeit nicht gut fühlen und sich diese Aufgabe nicht zumuten, ist das überhaupt kein Problem.

Denn zum einen handelt es sich bei dieser Aufgabe nicht um Ihre eigene. Sie müssen also diese Aufgabe nicht für jemand anderes machen. Sie sind auch Ihrem Gegenüber keine Begründung schuldig. Doch weil man sich selbst direkt besser fühlt, wenn das Gegenüber die eigenen Beweggründe nachvollziehen und verstehen kann, ist es ratsam, Ihrem Gegenüber diese Gründe mitzuteilen.

Erzählen Sie, wie Ihre eigene Situation aussieht. Machen Sie das aber selbstverständlich nur dann, wenn Ihnen selbst auch danach ist. Wenn ein „Nein“ für Sie nicht bedeutet, dass Sie gar keine Hilfestellung leisten wollen und mit der Aufgabe nichts zu tun haben wollen, sondern dennoch bereit sind, Ihrem Gegenüber zu helfen, dann teilen Sie dies auch so mit.

Sollte dies bei Ihrem Gegenüber nicht auf Verständnis stoßen, dann wissen Sie für die Zukunft, dass Sie dieser Person weder eine Hilfestellung noch einer Abnahme der Aufgabe „schuldig“ sind.

2. Lassen Sie sich mit der Entscheidung Zeit und überstürzen Sie diese nicht. Es ist vollkommen legitim, über die Entscheidung eine Nacht zu schlafen. Wichtig ist, dass Sie am Ende mit Ihrer Entscheidung, egal ob Sie die Aufgabe übernehmen wollen oder nicht, zufrieden sind.

Denn nur wenn Sie mit dieser Entscheidung glücklich sind, können Sie auch ruhigen Gewissens dahinterstehen. Um sich diese Entscheidung leichter zu machen, kann eine Pro und Contra Liste helfen. Was spricht für die Aufgabe und was spricht gegen die Aufgabe? Vielleicht auch, was haben Sie selbst davon?

3. Wenn Sie nicht bereit sind, die Aufgabe für Ihr Gegenüber zu

erledigen, sondern nur eine Hilfestellung anbieten wollen, dann kommunizieren Sie dies. Wenn Ihr Gegenüber diese Aufgabe wirklich nicht verstanden hat und über jede Hilfe dankbar ist, wird auch eine Hilfestellung von Ihnen ausreichend sein. Zudem wird Ihr Gegenüber am Ende stolz sein, die Aufgabe selbst geschafft zu haben. Sprechen Sie also offen mit Ihrem Gegenüber. Wenn Sie sich ausgenutzt fühlen und den Eindruck haben, dass Sie manipuliert wurden, ist es ratsam, ein Gespräch zu suchen und Ihre Sorgen und Ängste offen zu kommunizieren.

DER HERDENTRIEB

Eine Herde ist eine Gemeinschaft aus mehreren Lebewesen einer gleichen Art. Doch nicht nur viele Tiere, sondern auch die Menschen sind Herdentiere. Deutlich wird dies dadurch, dass die Handlungen oder die Denkweisen vieler Menschen allgemein als ein Maßstab oder als Beleg für das Richtige gelten, wenn nicht sogar als das „Richtige" angesehen werden.

Das klingt alles natürlich zu einfach und zu schön, als dass es wahr sein kann. Denn in der Gesellschaft ist genau dieses Verhalten bei uns nicht zwingend immer das Richtige.

Aus diesem Grund ist der Gruppendruck nicht empfehlenswert oder förderlich. Der Herdentrieb kann als ein Reflex angesehen werden, der aus alten Zeiten stammt. Seine Funktion ist, einen vor Gefahren zu schützen.

Beispiele

Bei dieser Manipulationstechnik des Herdentriebes kann die in den vorherigen Kapiteln thematisierte Rede von Joseph Goebbels wieder aufgegriffen werden. Ausschnitte der Rede, welche im Internet als Ganze nachgelesen werden kann, bilden die Rufe und Kommentare der Zuhörerschaft ab. Abgekürzt werden diese mit dem Kommentar „alle" oder

„Zuhörer“.

Auffällig ist, dass dem Redner zugestimmt wird und dies als ganze Masse. Sprich, es ruft nicht nur eine Person, sondern der ganze Saal. Auf die bekannte Frage: „Wollt ihr den totalen Krieg?“ folgen ebenfalls Zustimmung und unterstützende Rufe.

Aus der heutigen Sicht würde niemand mehr auf diese Frage mit einem begeisterten „Ja“ stimmen. Doch dass die gesamte Zuhörerschaft, sprich in diesem Fall die ganze Gruppe, mit „Ja“ antwortet, zeigt, dass hier ein Gruppendruck vorlag.

Doch nicht nur diese Rede kann als Beispiel für den Gruppenzwang gesehen werden. Denn auch das Medium Fernsehen greift auf diese Manipulationsart zurück. In vielen Sendungen wird an „lustigen“ Stellen Gelächter eines angeblichen Publikums eingeblendet. Dieses Gelächter soll die Menschen vor dem Fernseher dazu bringen, ebenfalls über diese Stelle zu lachen.

Um bei dem Beispiel der Medien zu bleiben: Häufig werden Produkte als das meistverkaufte Produkt betitelt. Dies soll die Menschen dazu bringen, dieses Produkt ebenfalls zu kaufen, denn schließlich haben es genügend andere Menschen bereits getan und sind im besten Fall sogar damit zufrieden.

Experiment als Beispiel

Das Phänomen des Herdentriebs beschäftigt viele Forscher und Psychologen. In einer Fernseh-Sendung[1] wurde zu dieser Manipulationstechnik ein Experiment durchgeführt. Dieses soll in diesem Buch aufgegriffen und erläutert werden.

[1] Dieses Experiment war Teil der Fernsehsendung „Galileo“. Der Link zu diesem Video befindet sich in dem Quellenverzeichnis dieses Buches.

In diesem Experiment sollte geschaut werden, inwiefern sich an die banalsten aufgestellten Regeln gehalten und dem Vorbild anderer Leute gefolgt wird. In einem Kinosaal wurden Fußspuren aufgemalt. Diese führen an den Reihen vorbei, an der Bühne entlang und wieder die Reihen hoch. Um die Menschen noch mehr zu verwirren, wurden Schlenker eingebaut, sodass die Fußspuren nicht gerade verlaufen. Damit sich niemand einfach so auf den Platz in der Reihe setzen kann, wurden die Reihen an der Treppe abgesperrt.

Die Gruppe der Kinobesucher ist zudem gemischt. Neben den Lockvögeln, welche von dem Experiment Bescheid wissen und den Herdentrieb vorgeben, sind auch Menschen dabei, welche von diesem Experiment nichts wissen. Die Lockvögel gehen vor in den Kinosaal und folgen den Fußspuren.

Die Menschen, die von dem Experiment nichts wissen, wundern sich zwar darüber, folgen aber den Lockvögeln. Ein Lockvogel bricht aus der Masse heraus und klettert über die Absperrung in die Kinoreihe zu seinem Sitz. Die Personen, die nach ihm den Saal betreten, wundern sich darüber und machen Anstalten, ihm die Handlung nachzumachen, entscheiden sich dann aber doch dafür, den anderen zu folgen. Es folgt also jeder den Fußspuren auf dem Boden, dessen Verlauf teilweise sehr merkwürdig ist. Manche Menschen machen es stumm dem Rest nach und machen keine Anstalten, sich darüber zu wundern, während andere sich tuschelnd darüber austauschen. Dennoch hält sich jeder daran und folgt den Lockvögeln.

An diesem Experiment zeigt sich also, dass Menschen den banalsten Handlungen und Gewohnheiten folgen, nur weil andere dies auch tun. Es hinterfragt niemand so richtig, ob das, was gerade getan wird, einen Sinn hat und ob diesem tatsächlich gefolgt werden muss.

Menschen sind also Gewohnheitstiere. Wenn es jemand vormacht und die ganze Gruppe nachzieht, kann es ja gar nicht falsch sein, dies ebenfalls zu tun, ganz egal, wie banal die Handlung ist.

Anleitung

Es ist schwer eine Anleitung zu finden, wie diese Art der Manipulation angewendet werden kann. Denn meist hat man selbst nicht so einen großen Einfluss auf viele Menschen oder gar der Gesellschaft an sich. Doch es kann eine Anleitung geben, wie man sich gegen die Art der Manipulation schützen kann.

Zunächst einmal ist es wichtig zu wissen, dass gerade die Medien sehr viel tricksen und auch Dinge behaupten, die so gar nicht stimmen. Doch es ist natürlich schwer, diese Unwahrheiten nachzuweisen, weswegen diese Aussagen, wie beispielsweise das am meisten verkaufte Produkt, einfach geglaubt werden. Um sich davon frei zu machen, ist es wichtig zu wissen, dass oft getrickst wird und dies nicht zwingend der Wahrheit entspricht.

Seien Sie sich im Klaren über das, was Sie wirklich möchten, so fällt es anderen schwerer, Sie zu manipulieren. Wenn es um ein Produkt geht, das in den Medien beworben wird, dann machen Sie sich klar, ob dieses Produkt, unabhängig von den Äußerungen in der Werbung, wirklich für Sie infrage kommen würde und ob Sie es wirklich benötigen. Geht es um Handlungen in einer großen Gruppe, gilt diese Regel ebenfalls. Sich bewusst darüber sein, was man selbst möchte und was eben nicht.

Besonders bei Teenagern ist der Gruppenzwang weit verbreitet. Häufig hört man, dass alle aus der Gruppe ein Bier trinken und man selbst schlecht „Nein" sagen kann, da ja alle eins trinken. Doch genau das „Neinsagen" weist eigene Stärke auf und beweist, wie wichtig der eigene Wille ist.

Praxisbeispiel

In den vorherigen Ansätzen wurden kurze, jedoch nicht weiter ausgeführte Beispiele genannt. Um diese Manipulationstechnik verständlicher und nachvollziehbarer darzustellen, soll nun ein kurzes Fallbeispiel folgen.

Die Person F. ist in etwa zwanzig Jahre alt und verbringt gerne Zeit mit Freunden. Häufig treffen sich alle abends in einer großen Gruppe. Dann sind sie bis zu fünfzehn Personen. Sie reden viel, tauschen sich aus, lachen gemeinsam und es wird auch gerne mal etwas Alkohol getrunken. Im Freundeskreis von F. ist das Trinken von Alkohol verbreitet und zählt quasi zur „Tagesordnung". F. selbst mag eigentlich gar keinen Alkohol. Weder vom Geschmack, noch mag er es, mit steigender Menge die Kontrolle zu verlieren. Bei solchen Treffen trinkt er lieber süße alkoholfreie Getränke oder greift zum Wasser. Seine Freunde sind in der Hinsicht eigentlich sehr verständnisvoll. Sie respektieren seine Entscheidung, keinen bis nur wenig Alkohol zu trinken.

Dieses Verständnis lässt allerdings stark nach, wenn sich alle in der Gruppe treffen und spätestens dann, wenn das erste Mal zu einem Schluck Alkohol gegriffen wird, haben alle kein Verständnis mehr dafür, dass F. nicht trinkt. Je mehr Zeit an den Abenden vergeht, desto mehr wird F. dazu gedrängt, auch mitzutrinken. Es gehört doch schließlich dazu und alle trinken doch etwas. Es fallen Aussagen wie „Das ist doch nicht schlimm, etwas zu trinken.", „Da passiert doch nichts.". Genauso häufig wird er gefragt, ob er nicht doch mal probieren wolle und warum genau er nichts trinkt. Nur ein Glas sei doch nicht schlimm. F. fühlt sich unverstanden. Niemand nimmt auf seinen Willen Rücksicht und er fühlt sich ausgegrenzt und alleine, da er nicht an der gemeinsamen Aktivität, dem Trinken, teilnimmt. Doch F. trifft sich gerne mit seinen Freunden, schließlich mag er alle und möchte auch dabei sein, um nicht vollständig den Anschluss zu verlieren.

Im Laufe des Abends fühlt sich F. immer mehr unter Druck gesetzt. Sein Wille wird immer schlechter geredet, es prasseln zahlreiche Argumente, die für das Trinken sprechen, auf ihn ein. Der typische Gruppenzwang also. Irgendwann gibt F. nach und trinkt tatsächlich, in der Hoffnung danach in Ruhe gelassen zu werden, ein Glas.

F. ergibt sich also dem Gruppenzwang und hält nicht Stand.

Dieses Praxisbeispiel soll zeigen, dass die Arten der Herdentrieb-Manipulation vielseitig sind und auch im privaten Umfeld stattfinden können.

Ein weiteres Beispiel zu dem Herdentrieb:

Sie möchten in eine Stadt reisen und wählen den Zug. Sie kennen sich in dieser Stadt nicht aus, weswegen Sie am Bahnhof auch nicht wissen, in welche Richtung Sie gehen müssen, um zu dem Ausgang des Bahnhofes zu gelangen. Gut, dass viele Menschen aus dem Zug aussteigen und nach links das Gleis verlassen. Sie denken gar nicht darüber nach, ob dies nun richtig ist, sondern folgen einfach der Masse.

Die Frage ist nun, warum genau folgen Sie der Menschenmasse, obwohl Sie gar nicht wissen, ob dies nun richtig ist.

Menschen haben den Drang dazu, gerade in Situationen wie diesen, anderen Menschen zu folgen. Diese Entscheidung erfolgt unbewusst. Denn wenn viele Menschen das tun und diesen Weg einschlagen, kann das ja gar nicht so falsch sein und es wird ihnen einfach gefolgt. Die meisten Menschen würden gar nicht auf die Idee kommen, wie in diesem Beispiel, an einem Bahnhof, wo sie sich nicht auskennen, eine ganz andere Richtung einzuschlagen, als die Masse es tut. Denn diese andere Richtung wird dann ja wahrscheinlich falsch sein.

Übung

Der Herdentrieb lässt sich in vielen verschiedenen Situationen erkennen und feststellen. Merkmal dieser Manipulationstechnik ist, dass Verhaltensweisen, ohne weiter drüber nachzudenken, einfach übernommen werden. Egal, ob diese Quatsch sind. Menschen halten sich oft an vorgegebene Wege. Deutlich zu erkennen ist dies beispielsweise im Wald. Auf den sogenannten „Trampelpfaden" wurde so oft gelaufen, dass dieser als eigener Weg zu erkennen ist und an diesen hält man sich auch meistens. Nur selten, wenn überhaupt, bricht man davon aus und läuft unabhängig von diesem „Trampelpfad" durch den Wald. Auf neuen anderen Wegen sozusagen.

Dies führt Sie zu diesem Selbstexperiment beziehungsweise zu dieser Übung.

Achten Sie bei einem Spaziergang durch den Wald auf die „Trampelpfade“. Sie werden wahrscheinlich das Gefühl haben, dass es richtig ist, diesen zu folgen. Das tun schließlich viele, sonst gäbe es diese Pfade gar nicht. Doch ignorieren Sie diesen Pfad und laufen Sie auf einer anderen Strecke durch den Wald. Es wird sich in dem ersten Gefühl etwas komisch anfühlen, doch am Ende werden Sie glücklich darüber sein. Warum? Sie haben etwas von sich aus gemacht. Einen neuen Weg eingeschlagen und eine Handlung unabhängig von einer Gruppe vollzogen. Vielleicht werden Sie sogar stolz sein.

Ziel dieser Übung soll sein, sich über bestimmte Herdentriebe bewusst zu werden und diese beim Bemerken zu hinterfragen, um diese Manipulationstechnik in Zukunft zu bemerken und sich davon nicht manipulieren zu lassen.

Es ist dennoch normal, dass auf eine Gruppe geachtet wird und Verhaltensweisen einfach ohne nachzudenken übernommen werden. Doch mit dieser Übung kann eine Sensibilisierung für die Ausmaße dessen geschaffen werden.

DER FREUNDSCHAFTSTRICK

Für alle Menschen ist es schwer, Menschen, die uns sympathisch sind, zurückzuweisen oder das Gefühl zu geben, dass sie zurückgewiesen wurden, sobald ihnen ein Wunsch ausgeschlagen wird. Menschen lassen sich oft von Gefühlen leiten. Reagieren sogar mit Gefühlen wie beispielsweise Freude, Ärger, Trauer. Aus diesem Grund können unsere Gefühle auch von anderen beeinflusst werden, indem uns beispielsweise ein positives, wohlfühlendes Gefühl vermittelt wird.

Genau dies macht sich die Manipulationstechnik „Der

Freundschaftstrick" zunutze.

Damit dieser Trick überhaupt funktionieren kann, muss eine angenehme Atmosphäre geschaffen werden, in der sich die Person, die manipuliert werden soll, wohl fühlt. Diese Atmosphäre ist wichtig, da die Person sonst schnell abblockt und aus der Situation fliehen möchte. Die Atmosphäre kann beispielsweise durch Komplimente und Lob geschaffen werden.

Aber wie macht sich diese Manipulationstechnik in der Praxis bemerkbar? Um dies genauer zu erläutern, soll ein Beispiel folgen.

Praxisbeispiel

K. möchte sich ein Auto kaufen. Für eine Marke hat sie sich bereits entschieden, doch noch nicht für ein bestimmtes Modell. Sie möchte sich in einem Autohaus beraten lassen und gegebenenfalls auch zeitnah dort ein Auto kaufen. Sie vereinbart also einem Termin in dem Autohaus für ein Gespräch mit einem Verkäufer und schildert schon bei der Terminvergabe, dass sie sich noch nicht für ein Modell entschieden habe, sich jedoch bei der Marke sicher ist, da viele Freunde bereits besonders positive Erfahrungen mit dieser Marke gemacht haben.

An dem Termin selbst begrüßt der Verkäufer sie herzlich und betont, dass er sich freue, dass sie gekommen ist. K. fühlt sich direkt wohl und vor allem sehr gut betreut. Sie erzählt dem Verkäufer von ihren persönlichen Wünschen und Anforderungen an ein Auto und erwähnt ebenfalls, dass sie durch Freunde auf diese Automarke gestoßen sei. Alle ihre Freunde seien schließlich zufrieden. Der Verkäufer erwidert, dass er selbst privat ebenfalls diese Marke fahre, unabhängig von seinem Beruf und die positiven Erfahrungen nur bestätigen könne. K. fühlt sich in ihrem Vorhaben, diese Automarke zu kaufen, noch mehr bestätigt. Schließlich kann der Verkäufer diese Erfahrungen teilen und bestätigen. Nachdem sich der Verkäufer die Wünsche und Anforderungen von K. angehört hat und ihr immer wieder ein positives Gefühl vermittelt hat, indem er ihre Äußerungen aufgreift und betont, dass er es genauso sieht, legt er ihr ein recht teures Modell ans Herz.

K. wird zögerlich, denn eigentlich wollte sie gar nicht so viel Geld ausgeben. Außerdem braucht sie keines der besonders guten Modelle. Der Verkäufer bemerkt dies und lobt die sorgsame Art der Kundin. Er betont, dass viele Kunden genauso reagiert haben wie sie, aber sobald sie dieses Modell gekauft haben und es abholen, seien sie total zufrieden gewesen und bereuen die Entscheidung kein Stück. K. wird ein positives Gefühl für das Modell gegeben, wovon sie eigentlich dachte, dass sie dies gar nicht benötigt. Doch der Verkäufer ist ihr sympathisch und kann sich in ihre Lage und ihre Sorgen hineinversetzen.

Sie hat Vertrauen zu ihm gefasst, sodass sie letzten Endes das teurere Modell tatsächlich kauft. Nach dem Termin verlässt sie das Autohaus mit gemischten Gefühlen, denn eigentlich wollte sie doch noch gar nicht sofort ein Auto kaufen, sondern sich nur informieren und eigentlich wollte sie auch gar nicht ein solches Modell kaufen. Doch sie fühlte sich bei der Entscheidung gut, also kann es ja nicht die falsche Entscheidung gewesen sein. Schließlich haben ihr jetzt viele Menschen von den positiven Seiten dieser Marke berichtet. Zudem fühlte sie sich bei der Beratung gut aufgehoben, ernst genommen und der Verkäufer wirkte sehr ehrlich und vertrauensvoll.

Das Praxisbeispiel zeigt, dass mit einem Erzeugen eines guten Gefühls andere Menschen zu Entscheidungen gebracht werden können, die sie so eigentlich gar nicht treffen wollten. In dem Fall von K. wurde aus einem Beratungstermin ein Kauftermin und dies sogar von einem Modell, wo sie eigentlich dachte, dass sie dieses nicht brauche. Durch die Vermittlung eines positiven Gefühls und die Erschaffung einer angenehmen Atmosphäre können die Menschen in Hinblick auf ihre Entscheidungen beeinflusst und somit auch manipuliert werden.

Übung

Doch wie kann diese Art der Manipulation erkannt und sogar abgewendet werden? Dies soll in der ersten Übung beschrieben werden. Im Anschluss folgt eine Übung, wie diese Art der Manipulation angewendet werden kann.

Typisch für die Manipulationstechnik „Freundschaftstrick“ ist, dass eine erzeugte positive Atmosphäre ausgenutzt wird, um einen in Hinblick auf Handlungen oder Denkweisen zu manipulieren. Auch hier gilt, sich seinem eigenen Standpunkt und seiner Haltung treu zu bleiben und diese genau zu hinterfragen. Im Falle des Praxisbeispiels würden folgende Fragen helfen: Brauche ich wirklich dieses Modell? Reicht wirklich nicht ein etwas billigeres Auto? Habe ich wirkliche Verwendung für dieses Auto? Was genau erwarte ich von meinem Auto?

Auch wenn man sich in dieser Situation wohl fühlt und sich von den positiven Erfahrungen anderer leiten lässt, sollten Entscheidungen nicht vorschnell getroffen werden. Dies gilt sowohl in dem dargestellten Praxisbeispiel als auch in anderen Situationen.

Hören Sie immer auf Ihr Bauchgefühl und nehmen Sie lieber etwas zu viel Abstand von den Positionen und Meinungen anderer Leute als zu wenig. Sie können zu einem Angebot oder einer Aufgabe auch im Nachhinein noch „Ja“ sagen. Doch nicht nur von den an einer selbst herangetragenen Anforderung und Aufgabe sollte Abstand gewonnen werden, sondern auch von der erzeugten Sympathie und der Stimmung, die zum Wohlfühlen einlädt, denn wer sich wohlfühlt, lässt sich einfacher und schneller zu den, von Manipulatoren gewünschten, Handlungen verleiten.

Der „Freundschaftstrick“ lässt sich allerdings auch selbst erlernen und anwenden. Dieses Beispiel soll zeigen, wie genau dies gelingt.

Einleitende Fragen, die dem Gegenüber ein gutes Gefühl vermitteln, bieten sich zum Einstieg perfekt an. Beispielsweise kann nach dem Gemütszustand des Gegenübers gefragt werden oder ein Kompliment für ein Kleidungsstück gemacht werden. Dies schafft direkt eine Vertrauensbasis und das Gegenüber fühlt sich direkt deutlich wohler. Je nachdem, ob in Hinblick auf die Denkweise manipuliert werden soll oder eine bestimmte Aufgabe von der Person übernommen werden soll, ist eine gegenseitige Vertrauensbasis essenziell. Das Gegenüber muss sich verstanden und geschätzt sowie generell wohlfühlen, sonst ist sie nicht bereit, etwas von der manipulierenden Person zu übernehmen.

Das Schaffen einer wohlfühlenden Atmosphäre kann leicht in dem privaten Umfeld erlernt werden. Versuchen Sie sich in die Situationen der anderen Personen hineinzuversetzen und überlegen Sie, was diese Person wohl gerade hören möchte. In dem Beispiel der Frau, die in dem Autohaus ein Auto kaufen möchte, aber noch nicht weiß, welches Modell für sie infrage kommt, wird nicht hören wollen, dass es kein geeignetes Modell für sie gibt. Sie würde sich auch nicht wohlfühlen, wenn jeder Wunsch und jede Anforderung schlecht geredet wird und der Verkäufer überhaupt nicht auf sie eingeht. Um sich in die Lage anderer Menschen hineinversetzen zu können, kann sich selbst überlegt werden, was man selbst persönlich gerne in den unterschiedlichsten Lagen hören möchte. Es kann zudem hilfreich sein, die Menschen, die einem persönlich nahestehen, in die Übung mit einzubeziehen und sie zu fragen, was die eigenen Sätze oder Komplimente bei der Person ausgelöst haben und wie sie sich nun fühlt.

Um diese Manipulationstechnik zu erlernen und zu verstehen, wie diese funktioniert, kann auch ein Besuch im Einzelhandel hilfreich sein. Wichtig ist hierbei, dass auch eine Beratung vorhanden ist. Sie werden merken, dass genau diese Technik hier zum Einsatz kommt. Sie sollen sich wohl in dem Laden fühlen, wenn Sie sich für ein bestimmtes Produkt interessieren, aber noch Zweifel haben, sollen diese Zweifel verstanden werden.

Dies führt dann letzten Endes zu einem Kauf des Produkts. Bei der Beratung in einem Klamottengeschäft wird einem selten gesagt, dass diese Jacke, für die man sich interessiert, einem überhaupt nicht steht und diese Überlegung zum Kauf doch lieber sein gelassen werden sollte. Stattdessen kann sich durch die verschiedenen Größen und Ausführungen getestet werden, bis die Entscheidung für eine Jacke dann final getroffen wurde. Selbstverständlich wird einem dann auch gesagt, wie gut einem dieses Kleidungsstück steht und wie viel Freude man selbst damit haben wird.

Festzuhalten ist, dass für einen Erfolg dieser Manipulationstechnik ein Hineinversetzen in die Lage anderer Menschen essenziell ist. Dies kann über eine Reflexion der eigenen Gefühle erfolgen sowie durch Einbeziehung anderer Menschen.

Es können sich bestimmte Phrasen überlegt werden, auf die stets in jeder Situation zurückgegriffen werden kann. Komplimente und Fragen nach dem Gemütszustand können nicht nur eine Eröffnung des Gesprächs sein, sondern auch eine erste Sympathie des Gegenübers erschaffen.

DER AUTORITÄTSTRICK

Das eigene Verhalten kann durch Autoritäten beeinflusst und auch gelenkt werden. Hinter einer Autorität steckt das Ansehen einer Person. Es soll mit einer solchen Autorität bewirkt werden, dass sich in dem Denken und Handeln nach dieser Person gerichtet wird. Ein Beispiel für eine Autorität ist das Verhältnis des Vorgesetzten und den Mitarbeitern. Oder auch das Verhältnis von Schülern zu dem Lehrer. Ebenfalls kann eine Autorität durch bestimmte Fähigkeiten und Eigenschaften, die einer Person zugeschrieben werden, entstehen. Beispiele für einen Stand der Autorität kann zum Beispiel ein akademischer Titel sein, aber auch Luxus-Gegenstände wie ein teures Auto können für einen Autoritätsstand sorgen.

Ziel dieser Manipulationstechnik ist, andere Menschen durch gut und überzeugend klingende Argumente zu beeinflussen und zu manipulieren. Oft wird dort beispielsweise mit einem akademischen Titel nachgeholfen. Denn solche Titel zeugen davon, dass die Person von diesem Thema viel Ahnung hat und genau Bescheid weiß. Doch diese Argumente sind nicht immer ganz wahrheitsgemäß.

Diese Autoritäten können auch vorgetäuscht sein, um keinen Raum für Zweifel anderer Personen oder Gegenargumente zu bieten.

Bei dieser Manipulationstechnik spielt die persönliche Ausstrahlung der manipulierenden Person eine große Rolle. Sie sollte selbstsicher und überzeugend auftreten und ihre Meinung mit glaubhaften Argumenten untermauern. Sind diese Argumente nicht glaubhaft oder die Ausstrahlung nicht besonders sicher, werden sich andere Menschen nicht nach dieser Autorität richten beziehungsweise die Person gar nicht als Autorität ansehen. Besonders leicht lassen sich Menschen von dieser Person beeinflussen, die selber keinen Anspruch an eine Autorität haben oder kein Fachwissen haben, mit welchem sie die Argumente der manipulierenden Person bewerten und einschätzen kann.

Das Ausnutzen einer Autorität begegnet einem auch im Alltag häufig. Egal, ob in einer Werbung, welche im Fernsehen läuft, ein Produkt von einem angeblichen Experten empfohlen wird oder ein Kollege das Argument aus der Tasche zieht, dass der Chef dies oder das gerne wolle. Autoritäten lösen oft ein Gefühl von Respekt aus, weswegen die entgegengebrachten Meinungen nicht unbedingt hinterfragt werden. Denn schließlich hat es jemand so gesagt, der viel Ahnung hat.

Praxisbeispiel

Wie schon genannt, begegnet man einer Autorität häufiger, als man das vielleicht wahrnimmt und genauso häufig werden diese Autoritäten zur Manipulation eingesetzt.

In einem TV- Werbespot wird Werbung für eine Creme gemacht, welche neu auf dem Markt erschienen ist und daher noch nicht allzu bekannt ist. Es herrscht also bei den Menschen noch kein Vertrauen zu dem Produkt und der damit verbundenen Marke. Um allerdings die Effektivität des Produkts zu beweisen und die Menschen so zu einem Kauf zu bewegen, sprechen sich in dem Werbespot angebliche Experten für dieses Produkt aus und untermauern diese Meinung nicht nur damit, dass ihr Name in dem Spot eingeblendet wird, sondern sie greifen ebenfalls auf vermeintliche Studien zurück.

Die Menschen, die diese Werbung im Fernsehen sehen, werden sich wahrscheinlich gar nicht erst die Mühe machen, diese Studie, geschweige denn den Namen der Person an sich zu recherchieren. Warum würden sie das nicht tun? Da es doch anscheinend gar keinen Grund für Misstrauen gibt, denn schließlich hat diese Person einen akademischen Titel und gilt als Experte auf diesem Gebiet und hat natürlich mit an dieser Studie gearbeitet. Die Menschen, die hinter diesem Werbespot und hinter der Firma stehen, wissen, dass sich vermutlich niemand die Mühe macht, genauere Informationen über die Studie und die Person herauszufinden, weswegen diese Autorität gerne ausgenutzt und zur Manipulation verwendet wird. Denn was schließlich die Experten empfehlen, das muss ja auch gut sein.

Doch der Autoritätstrick findet genauso häufig auch im Arbeitsleben statt.

Für ein neues Projekt setzen sich 5 Mitarbeiter und Mitarbeiterinnen zusammen. Der Kontext dieser Situation ist folgender: Es ist das erste Meeting, die Mitarbeiter und Mitarbeiterinnen kennen sich nur flüchtig, haben allerdings noch nicht zusammen an einem Projekt gearbeitet. Dies soll nun zum ersten Mal geschehen. Die Gruppe ist bunt gemischt, von erfahrenen Menschen bis hin zu Einsteigern in dem Beruf, ist alles mit dabei. Manche haben selbst schon jahrelang in der Firma selbst gearbeitet, andere sind frisch fertig mit dem Studium und sammeln nun erste Erfahrungen im Berufsleben. Die Gruppe kommt also zusammen. Bis auf einen sind alle schon etwas eher in dem

Besprechungsraum und richten ihre Plätze ein. Sie warten noch auf die letzte Person, die wenig später total selbstsicher und sehr zielstrebig den Raum betritt. Diese Person ist seit zwei Jahren in der Firma angestellt und hat vorher einen Mastertitel an der Universität erworben und möchte in der nächsten Zeit die Doktorarbeit schreiben.

Die Person kommt also in den Raum, schließt die Tür, schaut in die Runde und begrüßt alle, bevor sie ihre Sachen auf dem ersten Tisch abstellt und sich vorne an das Whiteboard stellt. Niemand anderes hat den Posten des Koordinators eingenommen, sodass dieser nun einfach von der Person eingenommen wird. Das Gespräch wird nun also von der Person geleitet. Es folgt ebenfalls eine kurze Vorstellungsrunde, in der die Person über sich sagt, dass sie bereits an der Doktorarbeit schreibe und damit in naher Zukunft fertig sei. Dies entspricht nicht der Wahrheit, was allerdings niemand sonst weiß. Die anderen aus der Gruppe können zwar mehr Berufserfahrung vorweisen, aber an diese Doktorarbeit kommt niemand dran. Sie erkennen die Person also schon als Autorität an, denn schließlich kam diese sehr selbstsicher in den Raum herein, leitet dieses Gespräch und kann zudem fast eine Doktorarbeit vorweisen. Außerdem betont die Person, dass es ein Gespräch mit der Geschäftsführung über dieses Gespräch gegeben habe und bestimmte Dinge gewollt seien. Außerdem wird erzählt, dass die Geschäftsführung die Leitung des Projekts bereits an die Person übertragen hätte. Ob diese Aussagen stimmen, kann natürlich erstmal niemand beweisen.

Die Person möchte dieses Projekt nutzen, um sich einen Namen in der Branche zu machen und sich Respekt zu verschaffen. Außerdem wird eine Führungsposition angestrebt, für die es wichtig ist, erste Projektleitungserfahrungen aufzuweisen. Dieses Projekt an sich ist der Person überhaupt nicht wichtig, vielmehr geht es um den persönlichen Erfolg und die Ausnutzung für die eigenen Ziele.

Was lässt sich nun aus diesem recht detaillierten Beispiel erfahren?

Die Projektteilnehmer sind unsicher, da sie sich alle noch nicht besonders gut kennen und die anderen nicht eingeschätzt werden können. Sie halten sich alle zurück. Niemand traut sich, die Leitung auf sich zu nehmen. Gründe hierfür sind unbekannt. Die Person, die zuletzt der Runde beitritt, hat eine ganz andere Ausstrahlung als der Rest der Gruppe. Sie tritt selbstsicher auf, da sie sich direkt vorne aufhält, sprich die Sprecher- und Leitungsposition übernimmt.

Die anderen sind erstmal dankbar, dass jemand diesen Posten übernimmt und erkennen dies natürlich auch an. Außerdem erschafft sich die Person durch die Information, dass sie mit der Doktorarbeit fast fertig sei, bereits eine Respektposition und gilt somit auch als autoritär, da sie Eigenschaften aufweist, die der Rest der Gruppe nicht aufweisen kann.

Mit einem Doktortitel wird nicht nur die Intelligenz einer Person assoziiert, sondern gleichzeitig auch, dass diese viel Ahnung von einem Thema habe. Mit der zusätzlichen Aussage, dass diese Person in Austausch mit der Geschäftsführung stand und diese sogar die Leitung des Projekts an die Person übertragen hat, unterstreicht die Autorität. Nun zweifelt niemand aus der Gruppe die fehlende Ahnung oder den Status der Autorität an.

Obwohl andere Gruppenteilnehmer mehr Berufserfahrung haben und sich somit in der Praxis besser auskennen als die Person, die erst vor zwei Jahren in den Beruf eingestiegen ist, glauben sie der Person in ihrer Autorität und zweifeln auch die dargestellten Argumente und Äußerungen, die für die Person als Leitung sprechen, nicht an. Denn schließlich weist sie Eigenschaften auf, die sie für eine solche Position qualifizieren.

Übung

Ein sicherer Auftritt kann zwar erlernt werden, soll aber in dieser Übung nicht erläutert werden. Vielmehr soll es darum gehen, wie Sie sich im Falle des Autoritätstricks verhalten können, wie Sie diesen erkennen und was Sie dagegen tun können.

Es hilft, sich genau zu informieren. Nicht nur über den Sachverhalt an sich, um falsche Argumente der manipulierenden Person zu erkennen, sondern auch, um sich nicht so leicht von dieser Person beeinflussen zu lassen. Auch ein grundsätzliches Misstrauen gegenüber den angeblichen Titeln und Kenntnissen der manipulierenden Person ist ratsam.

So wird eine eher distanziertere Position eingenommen und man gerät nicht direkt in eine „untergeordnete" Haltung der manipulierenden Person gegenüber. Ratsam ist es außerdem, Argumente, welche bereits erwähnt wurden, noch einmal zu recherchieren, um sich so ein einschätzendes Bild von der Kenntnis der Person zu machen. Hilfreich kann es zudem auch sein, sich mit anderen Personen über Eindrücke und Argumente auszutauschen. Auch wenn Sie keinen Anspruch an eine Autorität haben, ist es zu empfehlen, sich mit einem Sachverhalt noch einmal detaillierter auseinanderzusetzen und eine eigene Meinung zu bilden.

Außerdem können bei Argumenten der manipulierenden Person Rück- und Verständnisfragen gestellt werden, um den tatsächlichen Kenntnisstand sowie die Argumentationsweise einschätzen zu können. Eine gute Übung kann es außerdem sein, sich Argumentationen und Vorträge zu unterschiedlichen Themen anzuhören und auf die Körpersprache der Person zu achten, die sich gerade vorstellt. Je nachdem, wie viel Zeit Sie haben, können Sie sich die unterschiedlichsten Vorträge ansehen. Lassen sich Gemeinsamkeiten feststellen in Bezug auf die Körpersprache, die Mimik und die Ausstrahlung? Sie werden merken, dass alle Menschen, die viel präsentieren, ein sicheres Auftreten und eine ausdrucksstarke Körpersprache aufweisen.

Wie können Sie sich verhalten, wenn Sie in eine solche Situation und an eine manipulierende Person geraten, welche genau diese Manipulationstechnik anwendet? Ob fundiertes Wissen zu einem Sachverhalt wirklich vorhanden ist, kann erst festgestellt werden, wenn man selbst ebenfalls dieses Wissen aufweist. Vorheriges Informieren kann hier helfen.

Außerdem können Fragen zu bestimmten Argumenten das echte Wissen der Person auf die Probe stellen und diese Person im besten Falle auch gut aus dem Konzept bringen.

Denn mit Fragen wird sie wahrscheinlich nicht unbedingt rechnen. Wichtig ist hierbei, dass die Fragen nicht provokant gestellt werden, sondern sachlich und nüchtern sein sollten. So bringt es die Person am besten aus dem Konzept. Die Art und Weise, wie mit diesen Fragen umgegangen wird, gibt einem Informationen und Aufschluss zur Intention der Person. Reagiert sie überfordert und redet die Frage schlecht, auf die sie keine Antwort hat oder versucht sie sachlich die gestellte Frage zu beantworten und gibt ihr Bestes, damit diese Antwort auch für alle verständlich ist? Eine Person, die als Ziel die Manipulation hat, wird sich um das eigene persönliche Verständnis nicht sonderlich interessieren, schließlich soll ihre Denkweise und Auffassung einfach nur übernommen werden.

Es lässt sich also vermuten, dass sie auf andere Argumente oder Fragen abweisend und nicht sachlich fundiert antworten wird. Es kann also hilfreich sein, sich anzueignen, wie am besten Fragen gestellt werden, die sachlich und fundiert sind, aber unter anderem auch die manipulierende Person aus dem Gleichgewicht bringen können. Menschen, die keine Manipulation als Ziel haben, werden fachlich fundiert auf diese Fragen antworten können und sich davon nicht aus der Fassung bringen lassen. Denn schließlich bringen solche Fragen allen etwas.

EMOTIONALE TRICKS

Nicht nur der Autoritätstrick hat einen Einfluss auf die eigene Gefühlswelt. Gefühle spielen in fast allen Situationen eine wichtige Rolle. So ist es nicht unüblich, dass Menschen sich durch Einfluss auf die eigenen Gefühle manipulieren lassen.

Es ist meist wirksamer, an die Gefühle anderer Leute zu appellieren als an die Vernunft. Droht ein Sachverhalt auf der Vernunftsebene zu scheitern, ist es hilfreich, sich an die Gefühlswelt zu wenden. Auf diesen Manipulationstrick wird gerne zurückgegriffen, um die Kritikfähigkeit außer Kraft zu setzen.

Emotionale Tricks werden gerne bei Spendenaufrufen genutzt. Der Aufruf zum Spenden wird mit traurigen Fotografien ergänzt. Dies sorgt dafür, dass die Menschen Empathie zeigen. Empathie, die stellvertretend für die Person auf der Fotografie gezeigt wird. Es ist so möglich, sich in die Situation der abgebildeten Person hineinzuversetzen und natürlich möchte man auch helfen.

Aber auch bei emotionaler Erpressung wird auf die Manipulationstechnik der emotionalen Tricks zurückgegriffen. Bei der emotionalen Erpressung soll dafür gesorgt werden, dass andere Menschen Schuldgefühle bekommen, welche zu einer Abnahme des Selbstvertrauens führen.

Sind Schuldgefühle einmal erzeugt, so sind die Menschen eher für Gefälligkeiten und Aufgaben bereit. Sie folgen also eher Aufforderungen. Denn schließlich wollen sie ihre Schuldgefühle und das damit verbundene schlechte Gewissen wieder loswerden.

Zum Teil kommt diese Art der Manipulation auch im Verkauf zum Einsatz. Beispiele sind hier die Bindung an Verträge, wo es nur noch einen käuflichen Ausweg gibt. Schon im Mittelalter wurden die emotionalen Tricks angewendet. Weit verbreitet waren sie im Ablasshandel. Entweder es wurde gespendet oder man würde nach dem Tod in die Hölle kommen, was selbstverständlich niemand wollte.

Da Menschen stetig in Beziehungen zu anderen stehen, funktioniert diese Manipulationstechnik in vielen verschiedenen Situationen. Im Alltag wie auch im beruflichen Kontext. Wenn andere Menschen geliebt werden, herrscht Bereitschaft, alles für diese zu tun. Dies kann zwangsläufig zur Manipulation führen, wenn eine Partei dies ausnutzt, um den eigenen Willen durchzubringen.

Eine Übung, wie Sie sich vor dieser Manipulationstechnik schützen können, gibt es keine. Dies ist zudem sehr schwierig, da eine solche Manipulation in den unterschiedlichsten Kontexten vorkommt und immer in Verbindung zu anderen Menschen und deren Gefühlen steht.

Es kann dennoch hilfreich sein, mit den entsprechenden Menschen über die eigenen Gefühlslagen und Emotionen zu sprechen. So herrscht Klarheit auf beiden Seiten und eine mögliche Manipulation kann schnell aus dem Weg geräumt werden.

Tipps

Auch wenn es keine wirkliche Übung gibt, die einem helfen soll, sich vor einer solchen Manipulationstechnik zu schützen, sollen Ihnen ein paar Tipps mit an die Hand gegeben werden.

1. Emotionen lassen sich unbewusst und bewusst wahrnehmen. Ausgelöst werden diese durch Situationen oder Ereignisse. Welche Emotionen in welchen Situationen ausgelöst werden, lässt sich nicht steuern. Doch es kann selbst bestimmt werden, wie mit diesen Emotionen umgegangen wird. Versuchen Sie, die aufkommenden Emotionen bewusst wahrzunehmen. Was fühlen Sie? Sind Sie sauer, enttäuscht, stolz oder glücklich?

Da die Manipulationstechnik die eigenen Emotionen und Gefühle anspricht, sollten Sie diese bewusst wahrnehmen und einordnen. Fragen Sie sich, was diese Emotionen auslöst. Bewegt Sie vielleicht das eine Bild eines Kindes, welches zum Spenden aufruft? Was fühlen Sie dabei? Wenn Sie Ihre eigenen Gefühle einordnen und verstehen können, ist eine Grundlage für die nächsten Tipps gelegt.

2. Versuchen Sie eine Distanz zu dem Sachverhalt aufzunehmen, der in Ihnen diese Gefühle auslöst. Wenn es beispielsweise um eine Werbung geht, die zu Spenden aufruft und Sie dies bewegt, versuchen Sie eine

Distanz zu dieser Werbung aufzubauen und sich zu fragen, was Ihnen diese Emotionen bringen?

Das Ziel hinter einer solchen Werbung ist es, bei den Menschen Mitgefühl auszulösen und diese zum Spenden zu animieren, damit diese sich besser fühlen. Wenn Sie etwas Gutes tun möchten, müssen Sie nicht zwangsläufig Geld an diese Organisation in der Werbung spenden. Sortieren Sie doch mal Ihren Kleiderschrank aus und spenden diese Kleider an Organisationen in Ihrer Nähe. Oder spenden Sie die Bücher, die Sie nicht mehr lesen, an Einrichtungen, die sich über solche freuen.

Wichtig ist hierbei, dass Sie dies nicht tun, damit Sie ein besseres Gefühl bekommen und aus der Emotion heraus handeln, sondern weil Sie selbst aus freien Stücken etwas Gutes tun möchten.

3. Lassen Sie sich durch die emotionalen Tricks nicht beirren. Wenn Sie beispielsweise nichts spenden wollen, weil Sie dazu gerade nicht bereit sind, ist das nichts, wofür Sie sich schlecht fühlen müssen. Versuchen Sie, dieses schlechte Gefühl, wenn Sie sich gegen eine Spende entschieden haben, nicht hochkommen zu lassen.

Führen Sie sich stattdessen vor Augen, was Sie schon Gutes getan haben. Haben Sie heute vielleicht jemandem im eigenen Umfeld geholfen? Haben Sie heute schon jemanden zum Lächeln gebracht? Führen Sie sich dies vor Augen und lassen Sie sich nicht von den aufkommenden Schuldgefühlen beirren. Sie können immer noch etwas Gutes tun und anderen Menschen helfen, ohne beispielsweise Geld zu spenden.

SELEKTIVE INFORMATIONEN

Ist Ihnen das auch schon mal passiert? Sie erzählen etwas und lassen ein paar Informationen außen vor, weil Sie glauben, dass Ihr Gegenüber dies nicht erfahren soll?

Die Manipulationstechnik der selektiven Informationen ist genau das. Jedoch werden hier relevante Informationen außen vorgelassen. Aber die Informationen können nicht nur weggelassen, sondern auch herausgestellt werden. Beides zählt hier als eine Manipulationstechnik. Es entsteht ein Spielraum zwischen Wahrheit und Lüge, der viel Platz für Gestaltungen bietet. Dieser Spielraum wird für die Manipulation auch gerne benutzt. Beispiele für eine solche Manipulationstechnik sind unter anderem Propaganda oder Lobbyismus. Als Lobbyismus wird eine Form der Interessenvertretung in der Politik und Gesellschaft verstanden. Dieser Begriff wurde aus dem Englischen übernommen. Hierbei wird auf die öffentliche Meinung und auf die Öffentlichkeitsarbeit eingewirkt.

Im alltäglicheren Umfeld findet die Manipulationstechnik der Informationen statt. Sie ist ähnlich der Manipulationstechnik der selektiven Informationen. Jedoch sollen hier Informationen in besonderem Licht stehen und werden nicht zwingend weggelassen. Die Einrückung in das besondere Licht erfolgt je nach den eigenen Interessen und ist so ganz individuell.

Beispiele können hier die Berichterstattungen über ausgewählte Informationen sein. Dies ist vor allem in der DDR-Zeit vorgekommen. Genauso ist es aber auch möglich, dass eine Überschüttung von Informationen erfolgt und eine Selektierung der besonders wichtigen Informationen gar nicht mehr erfolgen kann. Die Folge ist daraus, dass andere gar nicht mehr wissen, was überhaupt gerade das Thema ist.

Praxisbeispiel

Das genaue Ausmaß und damit verbundene leichtere Verständnis soll dieses Beispiel bieten:

Häufig rufen Werbefirmen bei einem zu Hause an, die das Gespräch mit den Worten einleiten, dass man eine große Summe Geld gewonnen habe und das, ohne dass an etwas teilgenommen wurde. Das klingt natürlich viel zu schön, um wahr zu sein und wahr ist dies natürlich auch meist nicht. Denn meist sind solche Geldsummen an bestimmte

Handlungen und Verträge gebunden. Es wird einem also die Geldsumme angeboten, die natürlich erstmal sehr verlockend klingt, sodass man sich gerne noch weitere Details über den Gewinn anhören möchte. Was man nun eigentlich wirklich für diese Summe Geld tun muss, das wird einem meist nur auf Nachfrage verraten. Doch diese wichtigen Informationen, wie dass man zunächst erst einmal Gutscheine in einem Wert von über 200 € kaufen muss oder einen bestimmten Vertrag abschließen muss, werden oft total kleingeredet. Denn schließlich eröffnet sich so die Chance, eine große Summe Geld zu bekommen. Die Teilnahmevoraussetzungen werden natürlich auch sehr kleingeredet, quasi als unbedeutend abgestempelt. Sie rücken gar nicht in das eigentliche Licht, denn das könnte ja die potenziellen Kunden abschrecken. Diese Information wird einem also vorenthalten. Kommt es nun zu einem Kauf der Gutscheine, wird es sehr wahrscheinlich den Gewinn der hohen Geldsumme gar nicht geben.

Übung

Aber wie kann man sich vor einer solchen Manipulation schützen und wie kann in einer solchen Situation damit umgegangen werden?

Die Übung soll in eine eigentliche Übung und in eine Schritt-für-Schritt-Anleitung untergliedert werden.

Zunächst ist es in solchen Fällen ratsam, vor allem auch, wenn das Gefühl auftritt, dass einem Informationen vorenthalten werden, diese explizit zu erfragen und diese sogar mitzuschreiben. Dies sorgt nicht nur dafür, dass ein Überblick über die wesentlichen Informationen gewonnen wird, sondern auch, um im Falle einer Konfrontation alle bekommenen Informationen vorweisen zu können. Mit diesen notierten Informationen kann zudem noch einmal in aller Ruhe über den Sachverhalt nachgedacht werden.

Gibt es noch etwas, was ich wissen muss? Habe ich wirklich alles erfahren? Bin ich mir sicher, dass mir nichts mehr vorenthalten wurde? Habe ich das Gefühl, wirklich alles verstanden zu haben? Sollten diese Fragen nicht mit „JA" beantwortet werden können, sollte entweder noch einmal sehr genau und vor allem detailliert nachgefragt und über den Zweck des ganzen Sachverhaltes nachgedacht werden. Wie fühlen Sie sich dabei? Fühlen Sie sich ausgenutzt? Haben Sie ein gutes Bauchgefühl? Sind Sie sich sicher, dass XY wirklich so richtig ist? Kann ich den Sachverhalt/die Informationen sachlich und nüchtern betrachten? Muss gegebenenfalls noch jemand anderes über diese Informationen drüber gucken? Wären diese Informationen auch für andere Menschen verständlich? Seien Sie bei der Beantwortung dieser Fragen wirklich ehrlich zu sich selbst und lassen Sie sich bei der Beantwortung Zeit.

Sollten Sie wirklich den Eindruck haben, dass Ihnen Informationen vorenthalten werden oder Sie mit Informationen überschüttet werden, dann fragen Sie noch einmal explizit nach. Es ist keine Schande, sich dies noch weitere Male erklären zu lassen oder andere Menschen mit dem Eindruck zu konfrontieren, dass etwas verheimlicht wird.

Seien Sie also ehrlich zu sich selbst und nehmen Sie sich die Zeit, über alle neuen Informationen nachzudenken und eine Entscheidung nicht direkt zu fällen.

Schritt-für-Schritt-Anleitung

Befindet man sich gerade in dieser Situation und weiß nicht recht, wie man diese Informationen beurteilen kann oder ist sich nicht sicher, ob nicht doch Informationen verheimlicht wurden, kann diese Schritt-für-Schritt-Anleitung helfen. Sie soll eine Übersicht bieten und einfach zu verstehen sein.

Der erste Schritt sollte immer sein, die erworbenen Informationen in Ruhe durchzugehen. Sind sie alle verständlich? Haben Sie Fragen? Haben Sie das Gefühl, dass Ihnen etwas verheimlicht wurde? Es kann zudem helfen, diese Informationen über einen Zeitraum von mehreren Stunden öfter durchzulesen. Denn nicht selten passiert es, dass die eigentlichen Unverständlichkeiten so überlesen und nicht beachtet werden oder nicht genau gelesen wird.

Der zweite Schritt ist, diese Informationen zu sammeln und falls diese nur mündlich übermittelt wurden, diese aufzuschreiben. Nun kann eine außenstehende Person zu Rate gezogen werden. Natürlich nur, wenn Sie sich selbst nicht sicher sind. Ist für Sie nach dem ersten Schritt schon klar, dass Ihnen wichtige Informationen vorenthalten wurden, können Sie sich überlegen, ob Sie sich überhaupt noch weiter mit diesen Informationen beschäftigen wollen. Welches Ziel wird mit dieser Vorenthaltung von Informationen verfolgt? Die Manipulation. Wenn Ihnen schon wichtige Informationen nicht mitgeteilt werden können, müssen Sie sich mit dem eigentlichen Sachverhalt gar nicht weiter auseinandersetzen. Wer weiß, ob Ihnen nicht da auch Informationen vorenthalten werden. Das Vertrauen ist in einem solchen Fall natürlich nicht mehr da.

Sollten Sie sich bei den Informationen nicht sicher sein, lassen Sie sich von einer außenstehenden Person ihre ersten Eindrücke schildern. Was denkt jemand anderes über die Informationen? Erscheinen sie sinnvoll und logisch? Sind sie direkt nachvollziehbar? Hat eine andere Person vielleicht Fragen, die Ihnen so noch gar nicht aufgefallen sind?

Der dritte Schritt ist, sich nach den fehlenden Informationen zu erkundigen. Hilfreich kann es zudem sein, Hintergrundwissen in Erfahrung zu bringen. So können die Informationen in einem anderen Licht gesehen und anders beurteilt werden.

Als letzter Schritt sollte eine Entscheidung gefällt werden. Sind die Informationen für einen persönlich ausreichend? Verstehe ich sie alle? Fehlt mir noch etwas? Habe ich das Gefühl, dass etwas vorenthalten wurde und die wirklich wichtigen Informationen nicht genannt wurden? Und vor allem, wie geht es einem selbst damit? Habe ich ein gutes Bauchgefühl? Kann ich den Informationen und dem Sachverhalt selbst trauen? Fühle ich mich wohl und gut dabei? Nur wenn man sich persönlich mit dieser Entscheidung wirklich gut fühlt, kann es auch das Richtige sein.

Dies gilt natürlich für jeden beliebigen Sachverhalt.

MANIPULATION VON BEDÜRFNISSEN

Jeder Mensch hat eigene Bedürfnisse. Dazu zählen die Grundbedürfnisse wie beispielsweise Schlaf, etwas zu essen oder etwas zu trinken. Aber auch die eigenen individuellen Bedürfnisse zählen mit rein. Diese Bedürfnisse sollen natürlich befriedigt werden.

Diese Bedürfnisse können sich aber auch zunutze gemacht werden, um andere Menschen zu manipulieren. Aber wie funktioniert diese Manipulation?

Die Handlung, die von einer Person erfüllt und getätigt werden soll, dient als Mittel zur Befriedigung eines Bedürfnisses. Dies führt dazu, dass die Person diese Handlung zwangsläufig ausführen wird, um den Wunsch nach der Befriedigung des Bedürfnisses gestillt zu haben.

Besonders erfolgreich ist diese Manipulationstechnik in Verbindung zu einem Gefühl der Angst.

Diese Manipulationstechnik kommt in den Medien als auch in der Arbeitswelt zum Einsatz. Als Beispiel kann eine Werbung aufgeführt werden, die dem Betrachter suggeriert, dass dieser genau das Produkt unbedingt braucht, um ein bestimmtes Bedürfnis erfüllen zu können. Ein Bedürfnis kann in solchen Werbungen auch überhaupt erst geweckt werden.

Praxisbeispiel

Verdeutlicht werden soll diese Manipulationstechnik mit einem Beispiel, welches aufzeigt, wie genau die Manipulation der Bedürfnisse funktioniert und was es bei den entsprechenden Personen auslöst.

Im Fernsehen läuft eine Werbung über eine Creme, welche akute Schmerzen lindern soll. Zu sehen sind ältere Menschen, welche die Creme benutzen und sich im Anschluss wieder viel aktiver bewegen können. Die Schmerzen sind also gelindert und das Bedürfnis der Bewegung ist befriedigt.

In der Werbung wirken die Menschen nach der Anwendung der Creme glücklich, schmerzfrei und sichtlich zufriedener. Sie lachen in die Kamera und gehen ihrer sportlichen Aktivität mit sichtlicher Freude nach. Was hat diese Werbung nun mit der Manipulation der Bedürfnisse zu tun?

Bewegung kann als ein Bedürfnis des Menschen gesehen werden. Es muss sich bewegt werden, um lange Zeit fit zu bleiben und den Körper gesund zu halten. Schmerzen bremsen dieses Bedürfnis nach Bewegung aus und sorgen dafür, dass Bewegung auch gar keinen Spaß mehr macht, da diese mit Schmerzen gekoppelt sind. Die Folge daraus ist, dass man unzufrieden wird. Unzufrieden damit, dass man nicht so kann, wie man eigentlich gerne würde und die Schmerzen einen in der Hinsicht deutlich ausbremsen. Genau dieses Bedürfnis nach Bewegung spricht die Werbung an. Es wird gezeigt, wie Menschen sich aktiv bewegen und dabei Freude haben und diese auch zum Ausdruck bringen.

Sie bewegen sich wieder gerne. Am Anfang des Spots wird dafür gesorgt, dass die Situation für viele nachempfindbar ist. Denn vermutlich hatte jemand selten noch nie irgendwo Schmerzen. Ist dieser Schmerz einmal da, so herrscht das Bedürfnis, diesen Schmerz zu lindern. Das gelingt mit der beworbenen Creme, denn nach dem Auftragen dieser Creme wird aus den Schmerzen eine Bewegungsfreude. Die Schmerzen scheinen also komplett weg zu sein und das Bedürfnis der Schmerzlinderung ist gestillt. Außerdem wird das Bedürfnis nach der körperlichen Bewegung befriedigt.

Der Zuschauer merkt also, wie gut es der in dem Spot gezeigten Person nach dem Auftragen der Creme geht und wird das eigene Bedürfnis der Schmerzlinderung befriedigen wollen. Sollte man gerade keinen Schmerz spüren, so wird man sich diesen Spot allerdings merken, falls irgendwann wieder Schmerzen auftreten sollten. Auch das Bedürfnis der körperlichen Bewegung wird in dem Spot befriedigt. Sprich, nach dem Auftragen der Creme lassen alle Beschwerden nach und es geht einem wieder sichtlich gut, sodass man seinen geliebten Tätigkeiten nachgehen kann.

Dieses Beispiel bringt einem nahe, wie leicht man sich eigentlich manipulieren lassen kann. Die eigenen Bedürfnisse müssen befriedigt werden. Das ist in allen Menschen verankert. Das direkte Anspielen auf diese Bedürfnisse, wo in dem gleichen Zuge auch deutlich wird, dass diese Bedürfnisse einfach befriedigt werden können, sorgt dafür, dass dieses Produkt von einem selbst gekauft werden muss. Auch wenn dieses Produkt gerade selbst nicht benötigt wird, merkt sich das Gehirn dies und greift darauf in der passenden Situation zurück. Wird das Produkt auch nur in dem Laden gesehen, wird direkt diese Wirkung assoziiert. Die eigenen Bedürfnisse wurden also manipuliert.

Übung

Doch wie genau kann sich vor einer solchen Manipulation der Bedürfnisse geschützt werden?

Da diese Manipulationstechnik auf unsere Bedürfnisse eingeht, die nicht einfach so unterdrückt werden können, sondern sogar meist unterbewusst geschehen, ist es wichtig, sich, wie in diesem Fall, die Produktion eines solchen Werbespots bewusst zu machen. Es ist sehr unwahrscheinlich, dass diese Creme jegliche Schmerzen bekämpfen kann. Dafür ist schließlich ein Arzt da. Hilfreich kann es sein, sich über die Inhaltsstoffe der Creme zu informieren, um die Creme als Ganzes besser einordnen zu können.

Wichtig ist es, um eine Manipulation der Bedürfnisse im Allgemeinen zu erkennen, sich bewusst zu machen, dass es solche Bedürfnisse gibt. Egal, ob es das Bedürfnis nach Essen, Trinken oder Schlaf ist. Es ist also menschlich, dass so auch eine Anfälligkeit für eine Manipulation herrscht.

Bei der Manipulation der Bedürfnisse durch die Medien ist es wichtig, nicht auf jedes gezeigte Bild und auf jedes gesprochene Wort zu hören. Bei der Produktion solcher Werbespots wird genau darauf geachtet, dass sich so viele Menschen wie möglich angesprochen fühlen und die Werbung attraktiv gestaltet ist.

Eine gute Übung kann sein, diese positive Beschreibung und die angesprochenen Sinne sachlich und nüchtern zu betrachten. Im Falle einer Creme hilft es, sich genau über diese Inhaltsstoffe zu informieren. So kann schnell festgestellt werden, dass diese Inhaltsstoffe meistens gar nicht so gut sind. Auch Studien zu der Wirksamkeit der Creme können hier helfen, um einen neutralen Blick zu erlangen.

Soll in Hinblick auf materielle Bedürfnisse manipuliert werden, so ist es ratsam, sich den eigenen bereits vorhandenen Besitz vor Augen zu führen. Nehmen Sie sich bewusst einen Moment und schließen Sie die Augen. Wären Sie glücklicher, wenn Sie XY noch hätten? Könnten Sie ein erfüllteres Leben führen? Würden Sie am Ende Ihres Lebens sagen: Gut, dass ich XY gekauft habe? Nein? Dann brauchen Sie dies nicht. Auch wenn es ein Bedürfnis von Ihnen anspricht, welches erfüllt werden soll, kann auch bewusst dagegen vorgegangen werden.

Auch im Falle der Werbung über die Creme kann sich mit der Methode des Bewusstmachens geholfen werden. Ebenfalls kann ein Gespräch mit dem eigenen Hausarzt über diese Creme nützlich sein. So wird einem das Produkt nicht nur über die Medien vertraut gemacht, sondern auch vom eigenen Hausarzt. Dieser kann auch nähere Informationen über die tatsächliche Wirkung der Creme geben.

Es muss sich also nicht direkt der Manipulation der Bedürfnisse untergeben werden. Es kann sich auch gegen eine solche Manipulation gewehrt und vorgebeugt werden.

Hier folgt nun eine kurze Zusammenfassung der einzelnen Schritte in Form einer Auflistung:

- Sammeln von allgemeinen Informationen über Bedürfnisse: Welche

Bedürfnisse haben Sie persönlich? Dies kann beispielsweise in Form einer Mindmap erfolgen, so ist es auch möglich, sich diese Ergebnisse leicht vor Augen zu führen.

- Bei materiellen Produkten, die auf die eigenen Bedürfnisse anspielen: Kurzes Innehalten und sich selber fragen - Brauche ich das wirklich? Macht es mich glücklicher? Macht es einen Unterschied, ob ich dieses Produkt habe oder nicht habe? Sollte eine der Fragen mit Nein beantwortet werden können, sollte über den Gedanken des Erwerbs noch einmal aktiv nachgedacht werden.

- Im Falle von Medien: Recherche über Hintergründe und Inhaltsstoffe sowie gegebenenfalls Rücksprache mit einem Arzt. Betrachtung verschiedener Studien zur Wirksamkeit des Produkts.

DIE ANGSTFALLE

Menschen lassen sich schnell und vor allem häufig von Gefühlen und Emotionen leiten. Selbstverständlich machen Gefühle wie Trauer oder Stolz, Glück und Freude auch gedanklich etwas mit einem. So liegt es auch hier nahe, dass auch so eine Manipulation erfolgen kann.

Bei der Manipulationstechnik der Angstfalle geht es darum, eine Person absichtlich in das Gefühl der Angst zu versetzen. Denn das Gefühl der Angst wirkt sich auch auf die eigene gedankliche Welt aus. Aber warum sollen Ängste erzeugt werden? Während man Angst empfindet, neigen Menschen dazu, sich wahre Horrorszenarien auszumalen und sich in diese hineinzusteigern. Menschen, die andere manipulieren möchten, nutzen dies natürlich aus. Sie erzeugen überhaupt erst ein Gefühl der Angst und sorgen anschließend dafür, dass Horrorszenarien oder schlimme Konsequenzen bei den anderen Menschen entstehen. Doch das allein reicht meist nicht, denn oft werden diese Horrorszenarien auch noch mit einem Gefühl von Zeitdruck kombiniert. Ziel ist, dass gar nicht mehr rational nachgedacht werden kann. Denn das Gefühl von Zeitdruck sorgt sowieso schon für Stress und zusammen mit der Vorstellung von einer schlimmen Konsequenz oder einem Horrorszenario wird das Stressgefühl noch mehr verstärkt.

Diese Manipulationstechnik kommt auch häufig in Gruppen zum Einsatz. Denn so wird eine so genannte Gruppenhysterie erzeugt. Die Menschen verfallen also allesamt in Angst und stacheln sich gegenseitig noch stärker mit dieser Angst an.

Diese Manipulationstechnik kommt in den Medien genauso wie im alltäglichen Leben zum Einsatz. Zwei Praxisbeispiele sollen die Thematik rund um die Angstfalle näher erläutern und beschreiben.

1. Praxisbeispiel

Das Möbelhaus in Ihrer Nähe wirbt im Radio und im Fernsehen für seine Rabatte. Es wird mit Reduzierungen von bis zu 50 % geworben, welche natürlich nur für einen bestimmten Zeitraum gelten. In den Medien wird stets betont, dass es sich lohne, schnell zu sein, denn sind die reduzierten Produkte einmal alle ausverkauft, so kommen sie auch nicht noch einmal rein. Zudem sei diese Rabattaktion zeitlich sehr begrenzt und in der Zukunft werde es nicht so schnell wieder Preisreduzierungen geben.

Was soll nun mit diesen Preisreduzierungen und den damit verbundenen Aussagen bezweckt werden? Es ist gewollt, dass die Menschen schnell und ohne groß nachzudenken in das Möbelhaus fahren. Es ist nicht mal notwendig, dass ein bestimmtes Möbelstück gesucht wird. Das ist auch gar nicht gewollt. Die Menschen sollen etwas kaufen – egal, ob sie das nun brauchen oder nicht. Durch die Aussagen, dass die Aktion zeitlich sehr begrenzt sei und ausverkaufte Produkte auch nicht nachkommen und es sich daher lohne, schnell zu sein, wird ein Gefühl der Angst bei den Menschen hervorgerufen. Sie sollen sich schnell für einen Kauf entscheiden, am besten sogar gar nicht darüber nachdenken und möglichst viel kaufen, denn schließlich kommt diese Aktion so schnell nicht wieder. Es wird also absichtlich ein Gefühl der Angst hervorgerufen und die Menschen fühlen sich unter Druck gesetzt und werden schneller zu einem Kauf bereit sein, denn schließlich lockt das große Angebot und es kommt so schnell ja auch nicht mehr wieder. Was oftmals auch ziemlicher Quatsch ist, denn viele Möbelhäuser locken oft mit genau diesen Angeboten und nutzen stets die Manipulationstechnik der Angstfalle.

2. Praxisbeispiel

Wie schon erwähnt, tritt diese Manipulationsfalle nicht nur in den Medien auf, sondern auch im alltäglichen Leben. Auch hier soll erneut das Beispiel einer Firma aufgegriffen werden.

D. bewirbt sich auf eine neue Position in der gleichen Firma. Die Chancen stehen gut. Ein Gespräch mit der Geschäftsführung über diese neue Stelle ist bereits abgeschlossen. Nun wird D. diese Stelle angeboten. Die Freude ist natürlich groß. Doch statt die Freude von D. zu teilen oder aufzugreifen, macht die Geschäftsführung viel mehr Angst. D. soll den neuen Arbeitsvertrag so schnell wie nur möglich, am besten direkt am nächsten Tag, einreichen, damit so schnell wie möglich alles „in trockenen Tüchern" ist. Andernfalls würde die Geschäftsführung jemand anderes einstellen, denn die Stelle ist sehr begehrt. D. soll also auf gar keinen Fall Zeit verlieren, ansonsten stehe die Stelle nicht mehr zur Verfügung.

Um das Gefühl der Angst noch zusätzlich zu verstärken, sagt die Geschäftsführung, dass es ja sehr ärgerlich wäre, wenn der Vertrag nicht rechtzeitig unterschrieben sei. D. würde sich andernfalls das Leben lang ärgern und womöglich lange Zeit weiterhin unglücklich in der jetzigen Stelle sein. D. verlässt das Gespräch mit der Geschäftsführung also mit einem Gefühl der Angst. Es kommt fast schon Panik hoch, denn diese Chance darf auf keinen Fall verpasst werden. Den Rest des Tages kreisen die Gedanken von D. nur noch um diesen Arbeitsvertrag, denn das darf schließlich auf keinen Fall vergessen werden. Der aktuelle Vorgesetzte von D. hat von der Bewerbung auf die neue Stelle ebenfalls gehört und möchte D. auch unbedingt dazu ermutigen, diese Stelle anzutreten.

Denn schließlich sei D. perfekt dafür geeignet. Aber es müssen auch noch einige Dinge beachtet werden, erzählt der Vorgesetzte. Die noch ausstehenden Aufgaben der aktuellen Tätigkeiten müssen auf jeden Fall vor dem Wechsel von D. noch fertig werden. Dies soll so schnell wie möglich passieren, rät der Vorgesetzte. Denn wenn die Aufgaben nicht rechtzeitig von D. bearbeitet wurden, können diese nicht weitergenutzt werden und die Projekte der letzten Jahre wären umsonst gewesen. Außerdem, sagt der Vorgesetzte, würde dies ein schlechtes Licht auf die ganze Firma werfen und dafür möchte D. doch nun wirklich nicht verantwortlich sein.

D. gerät immer mehr in Angst und weiß gar nicht, wie das alles funktionieren soll, denn nun muss an viele Dinge gleichzeitig gedacht werden. Dieses Gefühl der Angst und der Horrorszenarien, die alle passieren können, sollte der Vertrag nicht rechtzeitig eingereicht werden oder die Aufgaben nicht rechtzeitig fertig werden, sorgen dafür, dass D. den ganzen restlichen Tag gar nicht mehr richtig denken kann. Im Kopf von D. spinnen sich die Horrorszenarien immer weiter. Was wäre wohl, wenn der Arbeitsvertrag von anderen verschlampt wird, die den eigentlich bearbeiten und aufbewahren sollen? Was ist, wenn die Aufgaben nicht rechtzeitig fertig werden oder diese womöglich nicht gut genug sind?

Dieses Fallbeispiel zeigt, wie leicht die Emotionen und die Gedankenwelt beeinflussbar sind und wie schnell ein Gefühl der Angst erzeugt werden kann. Dieses Gefühl der Angst blockiert das rationale Denken und hemmt das Selbstwertgefühl.

Doch was kann nun aus den Fallbeispielen gelernt werden? Angst ist ein Gefühlszustand, der durch Manipulation absichtlich erzeugt werden kann. Dieses Gefühl der Angst kann in vielen unterschiedlichen Situation erzeugt werden und auftreten. Je stärker die eigene Angst ist und je mehr Horrorszenarien ausgemalt werden, desto eher lässt man sich selbst auf die Meinungen und Aufgaben anderer Leute ein, in der Hoffnung, dass diese das eigene Gefühl der Angst und das fehlende Selbstwertgefühl ausgleichen können.

Übung

Das Gefühl der Angst ist jedem bekannt und jeder ist mit Sicherheit schon einmal an die Manipulationstechnik der Angstfalle geraten. Doch was kann getan werden, um sich aus einer solchen Situation zu befreien und wie kann eine solche Situation überhaupt vermieden werden?

Um aus der Situation der Angst herauszukommen, ist das Aufschreiben von Gedanken und Erledigungen, die getätigt werden müssen, hilfreich. In dem Fall des zweiten Fallbeispiels würde das bedeuten, dass eine Liste mit allen notwendigen „To-Do's“ geschrieben werden sollte. Handelt es sich hierbei um ein längeres Projekt, sollte dieses in mehrere einzelne Schritte unterteilt werden.

Muss alles für den neuen Vertrag abgegeben werden, sollte in der Liste stehen, was alles zu dem Vertrag zählt und wann dieser spätestens abgegeben werden muss. Sobald dies erledigt ist, kann es auf der Liste abgehakt werden. Bei dem Beispiel der Aufgabe, die vor dem Wechsel noch fertig werden muss, ist eine Liste über die einzelnen Aufgaben sinnvoll. So kann zum einen der Überblick behalten werden und zum anderen wird nichts vergessen und das Projekt kann rechtzeitig abgegeben werden.

Ebenfalls ist es ratsam, aus den Aussagen der Menschen lediglich die relevanten Informationen und Aussagen herauszufiltern. So lässt man sich selbst nicht aus der Ruhe bringen und verfällt nicht in Panik. In dem Fallbeispiel des Jobwechsels sollte lediglich auf die Information des Arbeitsvertrages geachtet werden sowie dass die Aufgaben der aktuellen Position noch fertig werden müssen. Die Informationen, die ein Gefühl von Angst auslösen sollen, können ignoriert werden. Dies geht am besten, indem am eigenen individuellen Wert gearbeitet wird. Wer an sein Können glaubt und weiß, was die eigenen Stärken sind und wie diese einzusetzen sind, wird nicht besonders anfällig für diese Manipulationstechnik sein.

Der Grund hierfür ist, dass das eigene Selbstvertrauen größer ist als die Aussagen, die zur Minderung des Selbstwertgefühles beitragen. Wenn Sie sich selbst einreden, dass Sie unbedingt direkt diesen Vertrag abgeben müssen und die Aufgaben unbedingt direkt fertig werden müssen, weil Sie sonst in Ihrer Tätigkeit versagt haben und in Ihrem Tun schlecht sind, werden Sie nur noch unglücklicher und lassen sich einfach von anderen Menschen beeinflussen. Aussagen wie „Ich kann das!" oder „Ich schaffe das!" und „Ich bin gut genug!" stärken nicht nur das eigene Selbstwertgefühl, sondern übertragen sich auch auf die eigene Gedankenwelt. Es ist also auf jeden Fall hilfreich, sich über seine eigenen Stärken und seine Fähigkeiten Gedanken zu machen und sich die Schwächen einzugestehen und an diesen gezielt zu arbeiten.

Bei einem aufkommenden Gefühl von Angst, welches durch Aussagen anderer Menschen entsteht, ist ein Merkzettel hilfreich. Ein solcher Zettel sollte an einer Stelle angebracht werden, an der Sie oft vorbeikommen oder sich besonders oft dort aufhalten. Dies kann beispielsweise der eigene Arbeitsplatz sein. Auf einem solchen Merkzettel sollten die eigenen Fähigkeiten notiert werden. Haben Sie also das Gefühl, dass Aussagen zu Ihrem Job besonders oft ein Gefühl der Angst erzeugen, so sollten die Sätze auf dem Zettel sich auf Fähigkeiten in Ihrem Job beziehen.

Solche Sätze könnten beispielsweise sein: „Ich habe ein gutes Zeitmanagement und halte meine Termine und Abgaben stets pünktlich ein." oder „Durch meine gute Ordnung am Arbeitsplatz kann ich die gesamte Arbeitszeit produktiv arbeiten.". Solche Aussagen helfen, um sich selbst aus der aufkommenden Angst durch die Manipulation anderer Menschen zu befreien.

Für eine bessere Übersicht sollen diese Punkte nochmal kurz als

Stichpunkte festgehalten werden. Die Reihenfolge soll jedoch keine genaue Abfolge der einzelnen Schritte beinhalten. Es ist individuell zu entscheiden, welche Punkte einem persönlich am besten weiterhelfen.

• Notieren von Gedanken und Erledigungen führt zu einer klaren Übersicht über Aufgaben, die erledigt werden müssen. Alle Aufgaben sollten möglichst detailliert gegliedert sein, sodass eine genaue Strukturierung gewährleistet wird und kein Schritt vergessen wird.

• Aus Aussagen anderer Leute die relevanten Aussagen herausfiltern. Dies führt dazu, dass Sätze zur Erzeugung des Angstgefühls von einem selbst nicht wirklich verarbeitet werden. Ein Angstgefühl kann so nicht entstehen. Zudem kann es hilfreich sein, eine Distanz zu der Person und seinen Aussagen an sich aufzubauen, sodass die von einer anderen Person erzeugte Angst in einem selbst gar nicht erst entstehen kann. Zudem wird man selbst nicht aus der Ruhe und Fassung gebracht.

• Stärkung des Selbstwertgefühls durch Erkennen der eigenen Stärken und Fähigkeiten.

• Merkzettel mit den eigenen Fähigkeiten und Stärken. Dieser Merkzettel sollte an einem Platz angebracht werden, an dem Sie sich häufig aufhalten oder wo Sie empfindlicher für ein erzeugtes Angstgefühl sind.

In den Medien werben verschiedene Firmen für ihre Produkte. Sie greifen auch dort auf die Manipulationstechnik der Angstfalle zurück. In dem ersten Praxisbeispiel wurde die Angst erzeugt, kein passendes reduziertes Produkt mehr abzubekommen oder die Aktion der Preisreduzierung generell zu verpassen. Denn schließlich wurde betont, dass diese so schnell nicht mehr wiederkomme. Aber wie kann sich vor einer solchen Manipulationstechnik geschützt werden?

Auch bei solchen Werbungen, welche mit Preisreduzierungen von Produkten werben, ist es wichtig, nicht auf jedes einzelne Wort zu hören. Denn natürlich werden einem die wichtigsten Informationen in einer solchen kurzen Werbung nicht erzählt. Daher ist es ebenfalls ratsam, sich vor dem Gedanken eines Kaufes über die Aktion genau zu informieren. Sind nur bestimmte Produkte reduziert? Muss sich beispielsweise bei einem Newsletter angemeldet werden, um solche Reduzierungen zu bekommen? In welchem genauen Zeitraum findet die Rabattaktion statt? Mit solchem Hintergrundwissen kann dann weiter über die Aktion nachgedacht werden.

Außerdem sollten Sie sich überlegen, ob Sie auch unabhängig von dieser Aktion ein solches Produkt gekauft hätten oder ob Sie lediglich die Preisreduzierungen locken. Sollten Sie ein Produkt eh brauchen und eventuell sogar im Vorhinein schon darüber nachgedacht haben, ist eine solche Aktion natürlich eine gute Möglichkeit.

Es sollte allerdings vermieden werden, Produkte nur zu kaufen, weil diese gerade reduziert sind. Im Nachhinein werden Sie sich nur ärgern, wenn Sie für diese Produkte keine Verwendung haben. Insofern ist es also wichtig, sich über die eigene Motivation und der Verwendung des Produkts Gedanken zu machen. Nur wer keine Verwendung für ein solches Produkt hat und wirklich weiß, dass auch nichts benötigt wird, lässt sich von einer solchen Werbung nicht manipulieren.

Sollten Sie tatsächlich an dieser Aktion interessiert sein und haben Angst, nicht schnell genug zu sein, so ist es hilfreich, sich Dokus und Beiträge zu dieser Masche der Händler anzusehen. Solche Beiträge können leicht im Internet gefunden werden. Lassen Sie anschließend diese Beiträge auf sich wirken und schlafen Sie eine Nacht über den Gedanken. Es bringt schließlich nichts, einen Kauf zu überstürzen und im Nachhinein sogar unglücklich zu sein, weil das Geld eventuell sogar umsonst ausgegeben wurde.

Bei einem Besuch in dem Laden ist es wichtig, dass sich im Vorhinein überlegt wird, welche Produkte und Gegenstände wirklich gekauft werden müssen.

Es sollte auch tatsächlich nur das besorgt werden, was auf dieser Liste steht. So wird vermieden, dass mehr gekauft wird, als eigentlich benötigt wird. Hilfreich kann es zudem sein, einen solchen Einkauf nicht alleine zu tätigen. Ist noch eine andere Person mit dabei, kann sich über die Gegenstände und Produkte ausgetauscht werden. Sollte der Fall eintreten, dass tatsächlich noch nach etwas anderem geguckt wird, da es ja reduziert ist und die Aktion sonst so schnell nicht wiederkommt, kann die andere Person eingreifen und das Vorhaben des Kaufes unterbinden.

Um die aufkommende Angst loszuwerden, dass die Produkte sonst alle ausverkauft sind und solche Aktionen nie wiederkommen, sollte sich erneut über den eigenen Besitz klargemacht werden. Denn wer weiß, was er hat, wird auch nicht unglücklich bei dem Gedanken, was er alles nicht hat oder noch haben könnte.

Machen Sie sich bewusst, was Sie alles schon haben. Dies kann materiell bezogen sein, aber auch nicht materiell wie beispielsweise Familie, einen tollen Job oder ein Haustier, an welchem Sie sehr hängen. Sollten Sie mit dem Gedanken spielen, tatsächlich in diesen Laden zu fahren, nur weil diese Rabattaktion herrscht und man schnell sein muss, da die Produkte sonst nicht wieder reinkommen, sollten Sie sich diese Liste von dem, was Sie alles bereits besitzen, vor Augen führen. Diese Liste kann helfen, um die Angst, etwas zu verpassen, zu unterbinden und zu bekämpfen.

Diese Liste an Übungen und einzelnen Schritten sollen nun in einer kurzen Übersicht zusammengefasst werden. Es können einzelne Übungen ausgelassen werden, sollten diese nicht zu einem selbst passen.

- Herausfiltern von relevanten Informationen: Von welchem Zeitraum ist die Rede? Wie viel Rabatt gibt es bei einer solchen Aktion? Wo findet die Aktion statt? Anschließende Recherche über die Aktion an sich:

Welche Produkte sind ausgenommen? Müssen irgendwelche Teilnahmevoraussetzungen vorhanden sein? Fanden solche Aktionen schon mal in diesem Laden statt?

• Wird dieses Produkt wirklich benötigt? Besteht eine Verwendung dafür? Oder überlege ich selbst nur, weil es reduziert ist und ich es irgendwann bestimmt mal gebrauchen könnte?

• Dokus und Beiträge über die Thematik dieser Manipulationstechnik können helfen, die Aktion eines Ladens einzuschätzen und deren Motivation zu verstehen.

• Schreiben einer Einkaufsliste: So wird vermieden, dass Produkte gekauft werden, nur weil diese reduziert sind.

• Begleitung einer anderen Person: Nicht nur, weil ein Einkauf so auch entspannter und schöner ist, sondern weil diese bei einem Vorhaben vom Kauf eines nicht gewollten Produktes „eingreifen" könnte.

•

• Das Schreiben einer Liste über all das, was Sie bereits besitzen. Dies kann helfen, um selbst zufriedener und glücklicher zu sein und von einem Kauf eines nicht brauchbaren Produktes absehen.

MANIPULATION DES DENKENS

Menschen denken meist unterbewusst. Die Gedanken kommen einfach so hoch, kreisen im Kopf, verschwinden wieder oder setzen sich auch mal fest. Nur ein kleiner Teil des Denkens läuft bewusst ab.

Besonders häufig zielen Manipulationstechniken auf das unterbewusste Denken ab. Das Denken eines einzelnen Menschen wird stark vom eigenen Umfeld beeinflusst. Das eigene Denken wird nicht nur von anderen Menschen beeinflusst, sondern auch von Gegenständen. Häufig werden Gegenstände mit einer bestimmten Eigenschaft assoziiert. So sollen bestimmte Kleidungsstücke einem beispielsweise zu einem Sieg bei einem Turnier verhelfen. Oder eine wichtige Klausur kann nur mit einem ganz bestimmten Kugelschreiber geschrieben werden, weil sie sonst nicht so gut laufen würde.

Manipulation hat also nicht immer etwas mit der Einflussnahme anderer Menschen zu tun, denn gerne manipulieren wir unser Denken auch selbst. Nämlich mit der Annahme und dem festen Gedanken, dass diese Klausur nur bestanden werden kann, wenn diese mit einem bestimmten Kugelschreiber geschrieben wird. Psychologen sagen, wenn ein bestimmtes Ereignis von einem selbst erwartet wird, dann finden automatisch eine Kette von Denkmustern und Verhaltensweisen statt, welche dieses gewünschte Ereignis dann auch eintreten lassen. Psychologen geben aber auch an, dass die Ursache für diesen Erfolg letzten Endes dann falsch bewertet wird. Denn schließlich wird dieser Erfolg dann einem bestimmten Gegenstand zugeschrieben.

Mit diesem Hintergrund, kann nun natürlich auch die ganze Manipulationstechnik in ein anderes Licht gerückt werden. Nämlich: Wie können wir unsere Gedanken selbst beeinflussen, um zu einem bestimmten gewünschten Ergebnis zu gelangen? Wie beeinflussen andere unsere Gedanken und was können wir dagegen tun? Und schlussendlich: Wie können wir selbst die Gedanken anderer Leute beeinflussen? Für eine bessere und übersichtlichere Gliederung werden die einzelnen Punkte in Unterkapitel gegliedert.

Manipulation der eigenen Gedanken

Durch die Kraft der eigenen Gedanken kann an den eigenen Erfolg geglaubt werden und somit kann man diesen letzten Endes auch erreichen. Um die Gedanken zu beeinflussen, ist eine außenstehende Person also gar nicht notwendig. Durch die eigenen Gedanken können Situationen gesteuert werden und aktiv Einfluss auf das eigene Leben genommen werden. Je selbstbewusster man selbst ist, desto weniger Menschen werden einen in Hinblick auf die eigenen Gedanken manipulieren.

Im Folgenden soll Ihnen eine Übung zeigen, wie Sie an Selbstbewusstsein gewinnen können und wie Sie die Kraft Ihrer eigenen Gedanken nutzen können.

Übung

Selbstbewusstsein kann nicht von heute auf morgen aufgebaut werden. Es ist ein Prozess, der Zeit braucht. Doch mit den eigenen Gedanken kann noch vor dem eigentlichen Selbstbewusstsein angefangen werden. Strahlt jemand Stärke und Kraft aus, dann wird dieser nicht so schnell manipulierbar sein wie andere, die sehr unsicher und zerbrechlich rüberkommen.

Zuallererst sollte das eigene individuelle Ziel hinter dieser Übung notiert werden. Dies dient dazu, dass der eigene Fortschritt wahrgenommen werden kann und jeder Schritt als ein Erfolg gilt. Zudem bietet es ein konkretes verfolgbares Ziel, welches aus eigener Kraft erreicht werden soll. Ziele hinter dieser Übung können zum Beispiel sein: „Ich möchte optimistischer sein, das Gute und eine Chance in jeder Situation sehen und in jede Situation mit einem guten Gefühl hineingehen." Dieses Ziel lässt sich in drei Unterziele unterteilen. Nämlich: Optimismus, aufgeschlossene Herangehensweise in eine neue Situation und das Betreten einer neuen Situation mit einem guten Gefühl. Das gute Gefühl sorgt gleichzeitig auch für Optimismus und Selbstbewusstsein.

Warum genau sind diese Aufgeschlossenheit und dieses positive Gefühl so wichtig? Wenn Sie selbst dran glauben, dass eine neue Situation Ihnen neue Chancen und Möglichkeiten bietet und Sie sich auf genau dies freuen, dann strahlen Sie das auch aus. Diese positive offene Haltung führt ebenfalls dazu, dass man selbstbewusster auftritt. Im Vergleich eine andere Haltung. Wenn Sie Angst vor einer neuen Situation haben, weil Sie nicht wissen, was Sie alles erwartet und Sie auf keinen Fall etwas falsch machen wollen oder unbedingt einen guten Eindruck auf andere Menschen machen möchten, sind Sie automatisch unsicherer. Warum? Weil Sie durch die Angst negative Gedanken hervorrufen. Diese blockieren Ihre Offenheit und sorgen dafür, dass Sie in dieser Situation nicht Sie selbst sein können und nicht so auftreten können, wie Sie das gerne würden. Sie passen also die ganze Zeit auf, dass Sie nichts falsch machen und geben so ein sehr unsicheres Bild ab.

Neben den Zielen hinter der Aufgabe an sich, sollte ebenfalls über die Ziele im Allgemeinen nachgedacht werden. Was möchten Sie verändern? Wie wollen Sie in Zukunft behandelt werden? Welche Ausstrahlung möchten Sie haben? Eine solche Zielsetzung hilft, das Ziel der Übung auch in der Zukunft weiter zu verfolgen. Wenn Sie ein Ziel erreicht haben, können Sie sich ein neues dazu setzen. Definieren Sie diese Ziele sehr genau. Beispiele könnten sein: „Ich möchte als starke und eigenständige Persönlichkeit wahrgenommen werden." oder „Ich möchte, dass meine getroffenen Entscheidungen von meinem Umfeld akzeptiert und toleriert werden." Warum ist diese Zielsetzung so wichtig? Wenn Sie sich diese Änderungen wünschen und daran arbeiten möchten, sollten Sie Ihr Umfeld genauso behandeln. Durch diese Definition der Ziele achten Sie automatisch stärker darauf, wie Sie Ihr Umfeld behandeln.

Gleichzeitig sollten Sie sich ebenfalls überlegen, was Sie sich selbst wert sind. Sprich: Was können Sie? Wo liegen Ihre Stärken? Worin sind Sie vielleicht nicht ganz so stark? Was können Sie tolerieren? Was sind No-Go's für Sie? Wo ziehen Sie selbst die Grenzen? All dies spielt eine Rolle, wenn Sie selbstsicher auftreten und die Kraft Ihrer Gedanken nutzen möchten. Wenn Sie sich selbst einreden, dass Sie in XY schlecht sind, dies und jenes eventuell nicht können, dann strahlen Sie dies auch aus und trauen es sich nicht zu. Wenn Sie sich selbst aber einreden, dass Sie in XY gut sind und dort Ihre Stärken liegen, dann treten Sie automatisch sicherer auf. Wenn Sie aber vielleicht in XY Schwächen haben, dies aber wissen und sich selbst eingestehen können, strahlen Sie direkt eine Sicherheit aus, die von anderen Menschen wahrgenommen wird.

Um durch die Kraft der eigenen Gedanken ein Ereignis zu beeinflussen, sollte generell an die Kraft der Gedanken geglaubt werden. Wenn Sie gar nicht erst glauben, dass Sie durch Ihre Gedanken ein Ereignis und eine Situation beeinflussen können, wird dies auch nie geschehen. Lassen Sie sich also von einem Versuch überzeugen und probieren Sie es selbst aus.

Positive Gedanken tragen also zu einem positiven Ereignis bei. Aber wie genau können positive Gedanken erzeugt werden? Positive Gedanken lassen sich von einem selbst steuern. Wenn Sie also selbst daran glauben, dass eine Situation positiv für Sie verläuft, wird dies auch geschehen. Die Kraft der Gedanken lassen sich durch Sätze wie: „Ich kann das.“ oder „Alles wird gut werden.“ und „Ich bin stark genug, um diese Situation zu meistern.“ erschaffen. Vergleichbar ist dies mit dem Erfolg, der einem Gegenstand zugeschrieben wird. Es wird also ein Gegenstand für den Erfolg verantwortlich gemacht und immer daran geglaubt, dass dieser dafür verantwortlich ist. Dafür ist ein Gegenstand aber gar nicht zwingend notwendig. Das können Sie auch selbst tun.

Eine Hilfe kann es hierfür sein, dies direkt in einer neuen und für Sie unbekannten Situation auszutesten. Wo fühlen Sie sich unsicher? Wann verfallen Sie in einen Zustand der Ungewissheit und der Angst? Was löst das aus und was macht es mit Ihnen?

Wenn Sie für sich selbst festgestellt haben, dass ein Gefühl der Angst und die negativen Gedanken immer dann aufkommen, wenn Sie an sich selbst zweifeln, dann arbeiten Sie genau an dieser Situation und tasten Sie sich in kleinen Schritten immer mehr an die Steuerung der Gedanken heran. In einem ersten Schritt kann es erst einmal hilfreich sein, die aufkommenden Gefühle zu akzeptieren und diese auch bewusst wahrzunehmen.

Folgende Situation soll dies einmal genauer erläutern:
Sie haben ein Bewerbungsgespräch und sind Tage vorher schon unheimlich nervös. Das ist selbstverständlich und auf keinen Fall schlimm, denn die Situation ist ja neu. Sie kennen die Menschen nicht und wissen auch nicht, was genau Sie erwartet. Sie möchten aber natürlich unbedingt diese Stelle haben.

In einem ersten Schritt ist es ratsam, diese Angst und Nervosität anzunehmen, wann immer sie aufkommt. Anzunehmen bedeutet in diesem Fall, nicht gegen diese Angst und Aufregung vorzugehen, sondern sie einfach zuzulassen. Ein Unterdrücken des Gefühls wird nicht zielführend sein, denn die Nervosität wird in dem Bewerbungsgespräch an sich ja präsent sein und Sie werden auch die letzten Tage vor dem Gespräch aufgeregt und ängstlich sein.

Je eher Sie die aufkommenden Gefühle zulassen, desto besser lassen sich diese händeln, sodass diese am Ende nicht mehr so stark präsent sind, sondern die positiven Gedanken überwiegen.

Um die Nervosität durch positive Gedanken zu „bekämpfen", nehmen Sie sich einen Moment Zeit, indem die Gefühle hochkommen und schreiben Sie alle Ihre Gedanken und Gefühle auf. Warum genau sind Sie aufgeregt? Was bewegt Sie? Wovor haben Sie konkret Angst? Was ist das Schlimmste, was Ihnen passieren kann?

Auf der anderen Seite schreiben Sie die positiven Seiten auf. Warum sind Sie geeignet? Worin punkten Sie? Was können Sie gut? Und ebenfalls: Was erwarten Sie, nicht von sich selbst oder an dem Gegenüber, sondern von der Situation an sich. Wenn Sie das erste Mal an einem Bewerbungsgespräch teilnehmen, könnten Sie beispielsweise folgende Erwartungshaltung haben: Einen Einblick in eine solche Situation zu bekommen, um in einem anderen Bewerbungsgespräch zu wissen, was einen erwartet und gegebenenfalls nicht mehr ganz so nervös zu sein. Oder: Ein angenehmes Gespräch zu führen und dabei Ruhe und Selbstbewusstsein auszustrahlen. Je nachdem, was Ihre eigenen persönlichen

Erwartungen sind, formulieren Sie diese nicht zu hoch. Zu hohe Erwartungen sorgen dafür, dass Sie aus der Situation unglücklich herausgehen werden, sollte diese nicht so verlaufen sein, wie Sie sich das erhofft haben.

Nach der Formulierung der Erwartungshaltung und Ihren eigenen Stärken und Ängsten erstellen Sie sich eine Liste zu alldem, was für Sie als Person in diesem Job spricht. Sind Sie vielleicht gut organisiert? Sind Sie teamfähig? Je präziser die Formulierungen, desto mehr Selbstvertrauen werden Sie selbst bekommen.

Dieses Selbstvertrauen überträgt sich auch auf Ihre eigenen Gedanken. Zählen Sie sich diese Eigenschaften, Ihre Besonderheiten und Ihre Kenntnisse immer wieder auf und rufen Sie sich diese ins Gedächtnis. Sie haben nun Ihre Stärken, Ihre Fähigkeiten und Eigenschaften vor Augen. Glauben Sie immer noch, dass Sie es aus einem Grund nicht schaffen werden? Sind Sie immer noch nervös, weil Sie hoffen, diesen Job zu bekommen und nicht wissen, ob Sie wirklich geeignet sind? Wenn ja, warum glauben Sie das?

Schauen Sie sich diese Zettel bei jeder weiteren Unsicherheit immer wieder an. Werden Sie sicherer? Glauben Sie mehr an sich? Werden Ihre Gedanken positiver? Legt sich vielleicht sogar Ihre Angst? Jeder positive Gedanke löst gleichzeitig auch Ihre Angst und die Nervosität auf. Sie glauben mehr an sich, werden selbstsicherer und selbstbewusster.

Diese Übung kann in jeder Situation angewendet werden. Sie werden mit der Zeit herausfinden, wie Sie am besten positive Gedanken erlangen können. Glauben Sie stets fest an Ihre Fähigkeiten und an den kommenden Erfolg. Nur so können Sie dies auch ausstrahlen.

Schritt-für-Schritt-Anleitung

Es ist schwer, direkt stets positiv zu denken und an den eigenen Erfolg zu glauben. Eine Schritt-für-Schritt-Anleitung kann hier für eine bessere Übersicht sorgen. Sie können die einzelnen Punkte abhaken, wenn diese schon gut klappen sollten. Zudem müssen Sie nicht jeden Punkt in dieser Anleitung befolgen. Vielleicht merken Sie auch in der Zeit, dass Ihnen andere Schritte noch besser helfen und Sie deutlich einfacher und näher an das Ziel bringen. Sie können und sollen also individuell mit dieser Anleitung arbeiten.

1. Formulieren Sie Ihre Ziele. Was möchten Sie erreichen? Was soll Ihnen diese Übung und Anleitung bringen? Wichtig ist, dass Sie dies stets für sich selbst machen und ehrlich zu sich selbst sind. Lassen Sie Ihr eigenes Umfeld außen vor. Denn schließlich soll es nur Ihnen persönlich etwas bringen.

2. Definieren Sie Ihre Erwartungen. Was erwarten Sie von dieser Übung? Was soll sie Ihnen bringen? Was möchten Sie erreichen? Möchten Sie selbstbewusster und selbstsicherer auftreten? Möchten Sie mehr an sich selbst glauben und nicht immer das Schlechte in einer neuen Situation sehen? Möchten Sie von bestimmten Menschen ernster genommen werden? Welche Erwartungen haben Sie selbst auch an andere? Was sind Sie bereit zu investieren, wenn es beispielsweise darum geht, dass andere Sie ernster nehmen sollen? Wo liegen Ihre Grenzen? Würden Sie präsenter auftreten? Was tolerieren Sie?

Ebenso gehört die Frage dazu, wie sie andere Leute behandeln. Nehmen Sie andere Leute stets ernst? Akzeptieren Sie deren Stärken und Schwächen?

3. Nehmen Sie sich einen Moment Zeit und denken Sie über Ihre eigenen Stärken und Schwächen nach. Was können Sie gut? Worin punkten Sie? Was unterscheidet Sie von anderen? Was macht Sie besonders? Was können Sie vielleicht nicht so gut? In welchen Bereichen könnten Sie sich noch verbessern? Was möchten Sie vielleicht sogar noch ausprobieren?

Zur Stärkung des eigenen Selbstwertgefühls sowie für den Aufbau des Selbstbewusstseins ist es empfehlenswert, andere Menschen, die Ihnen nahestehen, zu fragen. Was mögen sie an Ihnen? Was können Sie in deren Augen gut? Womit punkten Sie? Was macht Sie einzigartig? Diese Liste können Sie gegenüberstellen.

Ist Ihre eigene Liste länger oder kürzer als die Auflistung Ihres Umfeldes? Sollte Sie kürzer sein: Woran könnte das liegen? Sind Sie mit sich selbst zu kritisch? Denken Sie schlecht über sich selbst und reden sich vielleicht sogar schlecht?

Eine solche Auflistung der eigenen Stärken und den Eindrücken des Umfeldes sorgt selbstverständlich auch für positive Gedanken. Sie fühlen sich gestärkt. Nehmen Sie genau dieses Gefühl und dieses neue Selbstbewusstsein und die positiven und stolzen Gedanken mit in jede neue Situation.

4. Auch wenn dies sehr viel Überwindung braucht und auch nicht von jetzt auf gleich funktionieren kann. Konfrontieren Sie sich immer wieder mit neuen Situationen. Mit Situationen, vor denen Sie unsicher waren. Ängstlich und nervös vielleicht auch und vor allem, in denen Sie in negative Gedanken verfallen sind.

Wo Sie sonst immer gedacht haben, dass Sie XY nicht können, sollten Sie jetzt denken: „Ich schaffe das. Ich gebe mir Mühe." Das klingt zunächst natürlich immer leichter und einfacher, als es letzten Endes ist. Aber Sie werden nach einiger Zeit sehen, Sie werden sich gestärkter fühlen. Ihnen werden positive Dinge widerfahren und all dies allein durch die Kraft Ihrer eigenen Gedanken. Weil Sie sich selbst positiv beeinflusst haben.

Die Kraft der eigenen Gedanken kann sich also zunutze gemacht werden, um sich selbst positiv zu beeinflussen. Nicht immer haben andere Menschen einen Einfluss auf uns. Es ist genauso möglich, dass wir uns selbst manipulieren können.

Manipulation der Gedanken durch andere

Nicht nur Sie selbst können Ihre eigenen Gedanken beeinflussen. Andere Menschen können ebenfalls einen Einfluss auf Ihre Gedanken nehmen. Dies geschieht beispielsweise, wenn Sie selbst bewusst andere Menschen nach einem Rat fragen. Sie versuchen die Argumente des Gegenübers nachzuvollziehen und zu verstehen.

Entweder übernehmen Sie diese Meinung, womit eine Manipulation der Gedanken stattfindet, oder Sie teilen diese Meinung nicht und lassen sich so auch nicht beeinflussen und manipulieren.

Oftmals wird eine Manipulation der Gedanken durch andere gar nicht wahrgenommen, da die unbewussten Gedanken angesprochen werden. Um die Gedanken zu manipulieren, kann auf verschiedene Gesten und Techniken zurückgegriffen werden. So kann durch bestimmte Wörter aus einer Sache etwas Größeres gemacht werden, als es eigentlich ist. Ein Beispiel ist die Farbbezeichnung „dunkles Schwarz". Eine Farbe kann gar nicht dunkler sein als schwarz. Doch genau dies wird mit dieser Information erwartet und gedacht.

Auch in Gesprächen kann das eigene Denken durch andere Person manipuliert werden. Dies passiert beispielsweise, indem Begriffe und Wörter in einem falschen Kontext angewendet werden. Die Konsequenz daraus ist, dass an der eigenen Definition des Wortes und seiner Bedeutung gezweifelt wird. In dem Moment, in dem Sie sich fragen, ob Sie dieses Wort vielleicht die ganze Zeit über falsch verwendet haben oder immer dachten, es hieße etwas anderes, glauben Sie nicht mehr an sich selbst. Sie sind sich nicht mehr sicher, ob Sie richtig gedacht haben und hinterfragen dies. Dabei wurde das Wort von einer anderen Person falsch angewendet. Doch in diesem Moment wurden Ihre eigenen Gedanken manipuliert.

Nicht nur diese Technik kann bei der Manipulation der Gedanken angewandt werden. Genauso gut ist es möglich, dass andere Menschen Sie in die Irre führen können und Sie hinsichtlich Ihrer eigenen

Gedanken manipulieren.

Dies kann recht leicht durch Fangfragen geschehen oder durch eine Übertreibung. Warum werden die eigenen Gedanken dadurch manipuliert? Weil Sie die Meinung der anderen als Ihre übernehmen. Übertreibt Ihr Gegenüber ständig, ohne dass Sie dies mitkriegen, lassen Sie sich selbst aus der Ruhe bringen und werden die Meinung und die Gedanken der anderen Person übernehmen.

Fangfragen führen Sie in die Irre, da Sie an Ihrer eigenen Auffassung und Ihrem Verständnis zu zweifeln beginnen. Sie sind sich gar nicht mehr sicher, ob Sie das so richtig dachten und richtig verstanden haben. Schon ist die Manipulation der eigenen Gedanken durch andere Menschen geschehen. Meist sogar, ohne dass Sie das bewusst mitbekommen oder es bewusst als eine Manipulation feststellen.

Übung

Die Manipulation der eigenen Gedanken durch andere Menschen kann durch Übungen festgestellt werden. Diese Übungen sollen Ihnen zudem zeigen, wie Sie gegen die Manipulation Ihrer Gedanken vorgehen können. Sobald Sie in einem Gespräch mit jemand anderem anfangen etwas anzuzweifeln, das Ihnen sonst immer total klar war, sollten Sie eine Manipulation der Gedanken in Erwägung ziehen.

Selbstverständlich kann es auch sein, dass ein Begriff oder ein Wort einfach nie richtig klar wurde und so Zweifel aufkommen. Sind Sie sich jedoch in einer Begriffsbedeutung sehr sicher und fangen dennoch an, in dem Gespräch an Ihrer Auffassung zu zweifeln, beginnt schon die Manipulation.

Aber was können Sie dagegen unternehmen? Wenn ein Gefühl der Unsicherheit aufkommt und Sie zunehmend an sich und der Auffassung eines Begriffes zweifeln, recherchieren Sie nach dem Gespräch Begriffe, die bei Ihnen diese Zweifel und das Gefühl ausgelöst haben und Sie in die Irre geführt hat. Wenn Sie in Erfahrung bringen, dass Sie tatsächlich etwas falsch verstanden und falsch aufgenommen haben, wissen Sie es so in Zukunft besser und Sie können einschätzen, dass Ihre Gedanken nicht von einer anderen Person manipuliert wurden.

Zudem beginnen Sie, das Gespräch unter dem neuen Wissen anders zu verstehen und für sich zu verarbeiten. Sollten Sie nach der Recherche feststellen, dass Sie den Begriff richtig verstanden haben und so zu Unrecht an sich selbst gezweifelt haben, ist eine Einschätzung des Gespräches von Vorteil. Haben Sie das Gefühl, dass die Person den Begriff selbst vielleicht einfach ganz anders verstanden hat und hinter diesem Missverständnis keine Absicht steckt? Reflektieren Sie auch, wie sich die Person während des Gesprächs verhalten hat. Haben Sie den Eindruck, dass sie unsicher aufgetreten ist? Oder hat sie ihre Meinung selbstsicher und selbstbewusst verkauft? Haben Sie den Eindruck, dass die Person Sie absichtlich in die Irre führen wollte und Sie an sich zweifeln sollten? Haben Sie gar das Gefühl, dass hinter all dem eine Motivation steckt? Wie in etwa, dass Sie unsicher werden sollen und die Person das für ihre eigenen Zwecke ausnutzen möchte? Oder haben Sie den Eindruck, dass Sie etwas für diese Person tun sollen?

Nach dieser Überlegung oder wenn Sie sich allgemein nicht sicher sind, wie Sie diese Situation und das Gespräch einordnen sollen, ist ein weiteres Gespräch hilfreich. Machen Sie sich vor diesem Gespräch Gedanken dazu, wie sich das Gegenüber fühlen würde? Vermeiden Sie, dass Sie die Person überrumpeln und sie gar nicht weiß, wie sie reagieren soll. Überlegen Sie sich eventuell vor dem Gespräch, wie Sie anfangen möchten. Ein Beispiel wäre hierfür die Frage nach dem Verständnis.

Dass das Gespräch bei Ihnen Unsicherheit ausgelöst hat und Sie die Definition und die Bedeutung hinter dem Begriff beispielsweise in Erfahrung gebracht haben. Achten Sie auf die Körpersprache Ihres Gegenübers. Wird eine Abwehrhaltung eingenommen? Wie nimmt Sie es auf? Ist ihre Körperhaltung offen und sie interessiert sich für Ihre Recherche und möchte es sogar besser machen? Oder ist die Person für ein solches

Feedback gar nicht offen und möchte dieses auch nicht annehmen und beharrt sogar auf der eigenen Meinung? Es ist weniger hilfreich, das Gegenüber mit dem Vorwurf der Manipulation zu konfrontieren. Zum einen könnte es sein, dass Sie unbewusst von Ihrem Gegenüber manipuliert wurden. Zum anderen ist es auch möglich, dass Ihr Gegenüber dies als Angriff wertet.

Genauso wichtig wie die Recherche ist auch das Vertrauen in die eigenen Gedanken. Glauben Sie daran, dass es alles so richtig ist, was Sie denken. Hier hilft die Übung als auch die Schritt-für-Schritt-Anleitung aus dem letzten Kapitel über die Manipulation der eigenen Gedanken weiter. Bauen Sie also ein Selbstvertrauen und Selbstbewusstsein auf, so verhindern Sie, dass andere Menschen Ihre Gedanken absichtlich manipulieren.

Aber was kann genau gegen eine Manipulation der eigenen Gedanken unternommen werden?

Je selbstbewusster und selbstsicherer Sie selbst sind, desto schwieriger ist es für andere, Sie zu manipulieren. Wie bereits geschrieben, je selbstbewusster und sicherer Sie selbst auftreten, desto geringer ist die Wahrscheinlichkeit, dass Sie selbst von anderen manipuliert werden können.

Um eine Manipulation der eigenen Gedanken durch andere Menschen zu vermeiden, sollten Sie nachfragen, sobald Sie sich in die Irre geführt fühlen oder anfangen, an sich selbst zu zweifeln. Fragen wie „Ich glaube, ich habe das anders in Erinnerung." oder „Meinst du das wirklich so? Ich habe das nämlich anders verstanden." bringen das Gegenüber vermutlich im ersten Augenblick aus der eigenen Sicherheit. Doch im Normalfall wird das Gegenüber auf die Frage eingehen und ihr Verständnis erläutern. So können Missverständnisse direkt aus dem Weg geräumt werden. Möchte jemand Sie absichtlich in Hinblick auf Ihre Gedanken manipulieren, wird diese Person nicht kooperativ sein und sich nicht auf weitere Verständnisfragen oder Diskussionen einlassen.

Viel mehr wird diese Person betonen, dass Sie im Unrecht sind und diesen Sachverhalt falsch verstanden haben. Ist das Gegenüber nicht zu einer Erläuterung des Sachverhaltes bereit und Sie fühlen sich immer mehr in die Irre geführt und zweifeln an sich selbst, sollten Sie über einen Abbruch des Gespräches nachdenken. So verhindern Sie, dass Sie das Gespräch unsicher verlassen und sich in Ihren Denkweisen überhaupt nicht mehr sicher sind.

Bei einer Manipulation der eigenen Gedanken, indem aus einem Sachverhalt mehr daraus gemacht wird, als er eigentlich ist oder wenn andere Menschen bewusst übertreiben, ist es ratsam, sich die wahren Tatsachen noch einmal vor Augen zu führen und sich vor allem auch über die Inhalte Gedanken zu machen. Eine Farbe kann beispielsweise nicht dunkler als schwarz sein. Ein dunkles Schwarz gibt es also gar nicht. In dem Moment, in dem Sie sich über eine solche Aussage wundern, können Sie dies direkt hinterfragen. In dem Fall der Farbe: Gibt es ein dunkles Schwarz überhaupt? Was soll ich von dieser Aussage halten und was will mir diese Aussage überhaupt mitteilen?

Wenn Sie sich nur wundern, es aber nicht hinterfragen, werden Sie es mit großer Wahrscheinlichkeit als wahr annehmen und dies nicht hinterfragen. In dem Fall hat eine Manipulation der Gedanken stattgefunden. Hinterfragen Sie auch die banalsten Informationen, die Ihnen gegeben werden. Gerade bei Menschen, die zur Übertreibung neigen, ist es ratsam, die wirklich wichtigen Informationen herauszufiltern und diese für sich selbst zu verarbeiten. Fragen Sie sich stets: Ist das realistisch? Brauche ich diese Information? Was ziehe ich an Inhalten aus der Information? Muss ich gegebenenfalls über diese Information noch weiter nachdenken/recherchieren? Je mehr und stärker Sie Informationen hinterfragen und recherchieren, desto geringer ist die Chance, dass Sie hinsichtlich Ihrer Gedanken manipuliert werden können. Das bedeutet natürlich nicht, dass Sie jede noch so kleine Information hinterfragen müssen oder gegebenenfalls eine Diskussion führen müssen. Es möchte schließlich niemand darüber diskutieren, ob der Hausmüll nun wirklich rausgebracht werden muss.

Sollten Sie jemand sein, der häufig Gedankengänge von anderen Menschen übernimmt und sich auf die Meinungen anderer konzentriert und fokussiert, ist es ratsam, sich eine Art Erinnerungszettel zu schreiben. Schreiben Sie auf diesen Erinnerungszettel, woran Sie stets erinnert werden möchten. Dies kann sein, dass Sie Gedankengänge und Informationen hinterfragen möchten und diese nicht einfach akzeptieren wollen oder dass Sie selbstsicherer Ihre eigene Meinung vertreten möchten, ohne sich von anderen in der Hinsicht beeinflussen zu lassen. Formulieren Sie unter diese Erinnerung ebenfalls einen Satz, warum Sie dies tun möchten. Wann immer Sie auf diesen Satz schauen, werden Sie sich daran erinnern, warum Sie das Ganze machen und werden noch stolzer auf sich sein, wenn Sie an Ihrem Ziel angekommen sind.

Schritt-für-Schritt-Anleitung:

Um in solchen Situationen einen kühlen Kopf zu behalten und sich nicht aus der Ruhe bringen zu lassen, kann diese Schritt-für-Schritt-Anleitung helfen.

1. Recherche nach einem Gespräch über den Sachverhalt, der Sie an sich zweifeln lässt. Liegen Sie tatsächlich falsch? Oder haben Sie Recht und waren nur verwundert über die Äußerungen des Gegenübers? Hatten Sie vielleicht noch gar nicht mit dem Sachverhalt zu tun und sind sich daher unsicher über die Bedeutung und Interpretation?

2. Reflexion über die Situation. Wie schätzen Sie die Situation und das Gespräch nachträglich ein? Sehen Sie es vielleicht alles etwas eng und steigern sich in Dinge hinein?

Eventuell ist es auch ratsam, eine dritte Person um eine Meinung zu fragen. So bekommen Sie eine objektive Rückmeldung und gewinnen etwas Distanz zu Ihren eigenen Gefühlen, Empfindungen und Gedanken.

3. Schreiben Sie Ihre Gedanken nieder. Dies sorgt dafür, dass Sie Abstand gewinnen können und die meisten Emotionen bereits verarbeiten können.

Wie fühlten Sie sich? Fühlten Sie ich in die Irre geführt? Aufgebracht? Haben Sie an sich selbst gezweifelt? Wie stehen Sie jetzt dazu? Woran müssten Sie vielleicht arbeiten? Würde Ihnen ein Gespräch mit der jeweiligen Person helfen? Fühlen Sie sich absichtlich manipuliert und in die Irre geführt? War es vielleicht nur ein Missverständnis?

4. Falls Sie das Gespräch noch immer bewegt oder Sie für die Zukunft an sich arbeiten möchten, wie zum Beispiel, dass Sie mehr auf sich und die eigenen Gedanken vertrauen oder selbstsicherer werden, ist ein Gespräch mit der jeweiligen Person hilfreich.

Sie können in Erfahrung bringen, wie die andere Person den Sachverhalt verstanden hat und gegebenenfalls Missverständnisse klären. Falls Sie doch im Recht waren und in der Situation schon richtig gedacht haben, ist es für Ihr Gegenüber vielleicht hilfreich, die richtige Bedeutung und Definition eines Sachverhaltes zu erfahren.

Bei einem persönlichen Austausch haben beide Seiten die Möglichkeit, sich durch das Gespräch persönlich weiterzuentwickeln und aus den eigenen „Fehlern“ zu lernen. Denn schließlich lernt man nicht aus und beide Seiten können davon profitieren.

Einsetzen der Manipulation der Gedanken

Nicht nur Sie selbst oder andere können Ihre Gedanken manipulieren. Sie selbst können diese Manipulationstechnik ebenso anwenden.
Um die Manipulationstechnik selbst anwenden zu können, ist es wichtig, eine Grundlage zu schaffen. Sie sollten Empathie zeigen können und sich in die Lage Ihres Gegenübers hineinversetzen können. Dies sollte auf

gedanklicher und gefühlvoller Ebene geschehen. Nur wer sich in die Lage und in die Situation anderer Menschen hineinversetzen kann, schafft eine Grundlage, um andere Menschen beeinflussen zu können. Versetzen Sie sich einen Moment in die Lage einer anderen Person. Würden Sie auf jemanden hören und seine Gedankengänge übernehmen sowie sein Gesagtes eventuell als wahrheitsgemäß ansehen, wenn dieser zu Ihnen gar keine Verbindung hat? Vermutlich eher nicht, oder?

Um einen Zugang zu Ihrem Gegenüber zu erlangen, sollte ein Ausdruck eingenommen werden, der Ihr Gegenüber zu einem Gespräch einlädt. Es wird sich niemand gerne mit Ihnen unterhalten, wenn Sie eine ablehnende und abweisende Körperhaltung einnehmen. Ebenfalls sollten Sie auf Ihre Mimik achten. Lächeln Sie? Sind Sie interessiert an dem Gespräch? Oder könnte Ihre Mimik Desinteresse ausdrücken? All dies sind Faktoren, die eine Grundlage für eine Manipulation schaffen.

Genauso wie die Körperhaltung und die Mimik ist auch Ihre Gesprächsbereitschaft wichtig. Unterhalten Sie sich gerne mit Menschen und finden Sie schnell einen Zugang zu Ihrem Gesprächspartner? Oder meiden Sie Konversationen mit anderen? Fällt Ihnen schnell kein neues Thema ein und das Gespräch ist schnell zu Ende oder erdrückend?

Wenn dem so sein sollte, dann können Sie an dieser Thematik leicht üben. Eine hilfreiche Übung ist es hierbei, sich eine solche Gesprächssituation vorzustellen und dies mit Ihrem Spiegelbild zu üben. So können Sie zudem Ihre Körpersprache und Ihre Mimik kontrollieren und gegebenenfalls verbessern. Neben der Übung mit Ihrem Spiegelbild kann auch mit Menschen geübt werden, die Ihnen nahestehen. So erhalten Sie direkt ein Feedback und können eine reale Gesprächssituation nachstellen.

Solche Übungen werden sich definitiv für die Zukunft auszahlen! Sie werden merken, dass Sie offener auf andere Menschen zugehen können und Ihnen Konversationen viel leichter fallen werden.

Zudem werden Sie wahrscheinlich von Ihrem Gegenüber schnell als sympathisch eingestuft.

In einer Konversation selbst sind viele Fragen von Vorteil. Sie vermeiden zum einen, dass Sie der alleinige Sprecher sind und Ihr Gegenüber Ihnen vielleicht mit der Zeit gar nicht mehr zuhört, zum anderen wird sich Ihr Gesprächspartner über das Zeigen von Interesse freuen. Je einfacher die Fragen sind, desto besser. Warum sollten die Fragen so einfach sein, dass die Antwort eigentlich schon klar ist? Ihr Gegenüber wird über die Frage nachdenken und diese im Optimalfall direkt mit einem „Ja" beantworten. In dem Moment, in dem Ihr Gegenüber über diese recht banale Frage nachdenkt, wird Ihrem Gegenüber klar, wie wahr diese Antwort ist und teilt somit Ihren Gedankengang.

Um dies einmal mit einem Praxisbeispiel zu verdeutlichen.

Stellen Sie sich vor, Sie sind Verkäufer in einem Laden. Was genau dieser Laden anbietet, ist in diesem Beispiel nun einmal nicht wichtig. Sie arbeiten also eng mit den Kunden zusammen und möchten diese natürlich von einem Kauf Ihrer Produkte überzeugen. Durch Fragen an den Kunden wie beispielsweise „Sie wünschen sich doch ein langlebiges Produkt, oder?" oder „Sie möchten doch die beste Qualität, nicht wahr?" wird der Kunde schnell von Ihren Produkten überzeugt sein. Warum? Weil dieser durch diese Fragen automatisch davon ausgeht, dass diese Produkte genau den eigenen Anforderungen Stand halten können. Zudem werden die Wünsche des Kunden von dem Verkäufer aufgegriffen. Dies zeigt nicht nur die gleichen Wünsche, sondern schafft auch Verbundenheit. Der Käufer vertraut dem Verkäufer. Denn schließlich müssen die Produkte ja gut sein, wenn diese meine eigenen Wünsche an ein Produkt erfüllen können.

Aber was genau hat dieses Beispiel nun mit der Manipulation der Gedanken zu tun? In dem Moment, in dem der Kunde auf die Fragen mit „Ja" oder „Natürlich" antwortet, wird unterbewusst in ihm der Gedanke ausgelöst, dass dieses Produkt genau seinen Anforderungen entspricht und gut sein muss. Denn durch ein „nicht wahr?" oder ein „oder?" wird automatisch symbolisiert, dass der Verkäufer selbst diesen Gedanken hat. Der Kunde wird außerdem gar nicht wirklich bewusst über die Frage nachdenken und unterbewusst antworten. Die Antwort auf die Fragen sind also vorbestimmt.

Sie können über dieses Beispiel und die Fragen einfach einmal selbst nachdenken. Würden Sie auf solche Fragen mit einem „Nein" antworten, wenn die Frage doch nach der Antwort „Ja" schreit? Vermutlich nicht, oder?

Übung

Dies soll nun mit einer Übung verdeutlicht werden. Nehmen Sie sich jeden Abend ein paar Minuten Zeit und stellen Sie sich vor einen Spiegel. Betrachten Sie sich selbst ganz genau. Probieren Sie verschiedene Gesichtsausdrücke aus. Was verändert sich? Wie wirken Sie auf sich selbst? Wie fühlen Sie sich, wenn Sie sich selbst betrachten und beispielsweise grimmig, böse, lachend oder traurig schauen? Wie würden andere sich fühlen, wenn Sie ihnen so entgegentreten? Wie fühlen Sie sich selbst, wenn andere so auf Sie zukommen? Nehmen Sie auch verschiedene Körperhaltungen ein. Wie wirken Sie auf sich selbst, wenn Sie die Arme vor dem Oberkörper verschränken? Wann wirken Sie auf sich selbst einladend und offen? Wann würden Sie gerne mit sich selbst ins Gespräch kommen? Merken Sie sich diese Körperhaltungen, die für Sie besonders einladend und offen wirken. Auf diese kleine Sammlung können Sie in Konversationen mit anderen Leuten immer zurückgreifen.

Betrachten Sie auch die Körperhaltungen und die Mimik anderer Leute genau. Wie verhalten sich andere in verschiedenen Situationen? Wie wirken diese auf Sie? Was würden Sie verändern oder verbessern? Würden Sie gerne Gespräche mit diesen Menschen führen? Was genau strahlen diese Menschen aus? Wirken Sie vielleicht vertrauenswürdig, offen oder zurückhaltend und in sich gekehrt?

Um andere also gedanklich manipulieren zu können, muss eine

Grundlage geschaffen werden. Sie sollten einladend und vertrauenswürdig auf Ihr Gegenüber wirken und Selbstbewusstsein ausstrahlen. Ebenso sollten Sie sich über Ihre eigenen Ziele sowie Motivationen und Werte im Klaren sein. Hierfür ist es ratsam, sich Zeit zu nehmen und über die eigenen Ansichten nachzudenken. Was für Werte vertreten Sie? Wohinter stehen Sie? Was sind Ihre Grenzen? Welche Ziele verfolgen Sie? Dadurch dass es ja das Ziel ist, andere Menschen bezüglich deren Gedanken zu beeinflussen, sollten die eigenen Werte und Ziele klar definiert sein. Nur so lassen sich andere Menschen auf Ihre Gedanken ein.

Wenn Sie sowieso schon ein extrovertierter Mensch sind, gehen Sie auf andere Menschen zu und kommen Sie mit denen ins Gespräch. Dies ist zudem auch eine gute Übung, um andere Leute hinsichtlich ihrer Gedanken zu manipulieren. Treten Sie offen auf Ihr Gegenüber zu. Sollte Ihr Gegenüber introvertiert sein, so suchen Sie doch ebenfalls ein Gespräch mit ihm. Es muss hier nicht direkt um eine Manipulation der Gedanken gehen, sondern vielmehr zunächst um einen Aufbau des Vertrauens und der Sympathie.

Schritt-für-Schritt-Anleitung:

1. Bauen Sie sich ein Selbstbewusstsein und Selbstvertrauen auf. Fragen Sie sich, was Sie anderen Menschen mitgeben möchten? Welche Werte und Einstellungen vertreten Sie? Was ist Ihnen wichtig? Worauf legen Sie persönlich wert?

2. Fragen Sie sich, was andere Menschen an sich haben müssen, dass Sie sich gerne mit diesen unterhalten. Wie wirken diese Menschen auf Sie? Was macht Sie sympathisch? Was genau erzeugt diesen Eindruck auf Sie? Ziehen Sie aus dieser Reflexion eigene Schlüsse. Was glauben Sie, wie Sie auf andere wirken müssten, damit eine Vertrauensbasis und Sympathie herrscht?

3. Fragen Sie Menschen, die Ihnen nahestehenden, was Sie an Ihrer Körperhaltung oder Ihrer Mimik noch verbessern können. Wie wirken Sie auf die Menschen? Was kommt gut an und was vielleicht weniger gut? Woran müssten Sie noch arbeiten und was können Sie verbessern?

4. Stehen Sie hinter Ihren eigenen Werten und Eigenschaften. Nur so können Sie andere Menschen hinsichtlich ihrer Gedanken manipulieren. Andere Menschen werden niemals Ihre Gedanken, Vorstellungen oder Werte annehmen, wenn Sie gar nicht hinter diesen stehen. Dies hat auch viel mit der eigenen Akzeptanz zu tun. Verstehen Sie bewusst, wie Sie auf Ihre Werte und Eigenschaften gekommen sind? Kam dies vielleicht durch Erfahrung oder durch spezielle Ereignisse?

5. Zwängen Sie niemandem Ihre Meinung oder Ansichten auf. Hat Ihr Gegenüber das Gefühl, dass Ihre Meinung übernommen werden MUSS und nicht kann, wird eine Beeinflussung der Gedanken des Gegenübers nicht gelingen. Denn sobald jemand das Gefühl hat, dass etwas aus einem Zwang herausgetan werden muss oder eine andere Person genau das so will, wird sich gegen eine solche Übernahme der Gedanken gewehrt. Akzeptieren Sie also auch, wenn jemand nicht auf Ihre Ansichten oder Gedanken hören möchte.

Schlusswort

Nun sind die geläufigsten Manipulationstechniken vorgestellt und näher beschrieben worden. Das Ziel war es, ein Buch zu schaffen, das andere Menschen nicht nur in die Thematik der Manipulation und ihre Techniken einführt, sondern diese Techniken erläutert und einen Mehrwert für die Leser bietet. Was bringen schließlich die besten Erläuterungen, wenn Sie selbst nichts aus diesen geschriebenen Zeilen ziehen können. Ob dieses Ziel erreicht wurde und ob Sie selbst etwas über die Techniken gelernt haben, was Sie in der Zukunft selbst auch anwenden und generell für sich selbst mitnehmen können, können nur Sie selbst beurteilen.

Vielleicht hat dieses Buch Sie auch inspiriert, mehr über die Thematik der Manipulationstechniken erfahren zu wollen.

Platz für Reflektion

7-Tage-Plan

Tag 1

Datum:	
Mir sind heute folgende Manipulationstechniken aufgefallen:	
Folgende Techniken habe ich selbst anwenden können:	
Das hat heute gut funktioniert:	
Das kann ich beim nächsten Mal besser machen:	

Tag 2

Datum:	
Mir sind heute folgende Manipulationstechniken aufgefallen:	
Folgende Techniken habe ich selbst anwenden können:	
Das hat heute gut funktioniert:	
Das kann ich beim nächsten Mal besser machen:	

Tag 3

Datum:	
Mir sind heute folgende Manipulationstechniken aufgefallen:	
Folgende Techniken habe ich selbst anwenden können:	
Das hat heute gut funktioniert:	
Das kann ich beim nächsten Mal besser machen:	

Tag 4

Datum:	
Mir sind heute folgende Manipulationstechniken aufgefallen:	
Folgende Techniken habe ich selbst anwenden können:	
Das hat heute gut funktioniert:	
Das kann ich beim nächsten Mal besser machen:	

Tag 5

Datum:	
Mir sind heute folgende Manipulationstechniken aufgefallen:	
Folgende Techniken habe ich selbst anwenden können:	
Das hat heute gut funktioniert:	
Das kann ich beim nächsten Mal besser machen:	

Tag 6

Datum:	
Mir sind heute folgende Manipulationstechniken aufgefallen:	
Folgende Techniken habe ich selbst anwenden können:	
Das hat heute gut funktioniert:	
Das kann ich beim nächsten Mal besser machen:	

Tag 7

Datum:	
Mir sind heute folgende Manipulationstechniken aufgefallen:	
Folgende Techniken habe ich selbst anwenden können:	
Das hat heute gut funktioniert:	
Das kann ich beim nächsten Mal besser machen:	

Quellen

https://www.klaus-grawe-institut.ch/blog/was-ist-manipulation/

https://www.planet-wissen.de/gesellschaft/psychologie/egoismus/pwieje-dermanipuliertdiemachtderpsyche100.html

https://de.wikipedia.org/wiki/Manipulation

https://www.redenwelt.de/rede-tipps/manipulation-rede/

https://www.1000dokumente.de/index.html/index.html?c=dokument_de&dokument=0200_goe&object=translation&l=de

https://www.1000dokumente.de/index.html?c=dokument_de&dokument=0200_goe&object=context&l=de

https://www.jbt.de/manipulationstechniken-die-6-techniken/

https://www.absolventa.de/karriereguide/rhetorik/manipulationstechniken

https://www.audimax.de/arbeitsleben/gleichberechtigung-im-job/manipulationstechniken-wie-du-sie-richtig-einsetzt/

https://www.perspektive-mittelstand.de/Psychologie_Manipulation__beliebte_Techniken_im_Management_und_/management-wissen/1207.html

https://www.karstennoack.de/manipulationstechniken-erkennen/

https://www.staufenbiel.de/magazin/joballtag/manipulieren-und-tricksen-im-job-so-bekommst-du-was-du-willst.html

https://www.youtube.com/watch?v=IVEyq8btWUA

https://de.wikipedia.org/wiki/Autorität

https://arbeits-abc.de/manipulationund-beeinflussung-psychologische-tricks-im-beruf/

https://www.lecturio.de/magazin/die-psychologie-des-fuehrens-mitarbeitermanipulation/

https://www.welt.de/gesundheit/psychologie/article5746715/Mit-welchen-Psycho-Tricks-Manipulierer-arbeiten.html

https://de.wikipedia.org/wiki/Lobbyismus

https://www.jbt.de/manipulationstechniken-die-6-techniken/

https://www.sueddeutsche.de/wissen/wahrnehmung-und-denken-so-leicht-lassen-wir-uns-manipulieren-1.1407348

https://www.selbstbewusstsein-staerken.net/du-bekommst-was-du-verdienst/

https://www.spektrum.de/lexikon/psychologie/manipulation/9152

https://www.managerseminare.de/ms_Artikel/Positiv-beeinflussen-Die-Macht-der-Manipulation,224833

https://schmid-philipp.com/manipulieren-die-wichtigste-faehigkeit-im-leben/

https://www.duden.de/rechtschreibung/Manipulation

https://de.wikipedia.org/wiki/Joseph_Goebbels

https://www.holocaust.cz/de/geschichte/holocaust-2/historischer-kontext/die-ns-ideologie/

https://www.welt.de/geschichte/zweiter-weltkrieg/article113703756/Wie-Goebbels-seine-diabolische-Rede-inszenierte.html

https://de.wikipedia.org/wiki/Emotion

https://www.n-tv.de/politik/Goebbels-war-kein-guter-Redner-article10144691.html

Wir danken Ihnen für Ihr Interesse und Ihr Vertrauen. Als Dankeschön dafür, haben wir eine besondere Überraschung. Sie interessieren sich für NLP, haben aber keine Lust, zahlreiche Bücher zu wälzen? Wir haben die wichtigsten **Grundregeln** für Sie auf einen Blick. Das Beste: Sie erhalten diese vollkommen kostenlos. Das klingt wunderbar? Dann warten Sie nicht lange und holen Sie sich Ihr Gratis-Geschenk.

Hier geht es zu Ihrem Gratis-Geschenk:

https://forms.gle/KEwnynC4CSBnAY557

1. **Öffnen Sie die Kamera-App auf Ihrem Smartphone und richten Sie die Kamera auf den QR-Code.**
2. **Klicken Sie auf den Link, der Ihnen angezeigt wird und schon werden Sie zur Website weitergeleitet.**

Impressum

Herausgeber: Orbita Media Verlag GmbH & Co. KG / Ericusspitze 4 / 20457 Hamburg
Kontakt: kontakt@empireofbooks.de
Website: https://empireofbooks.de
Coverbild: Shutterstock

Haftungsausschluss:
Die Nutzung dieses Buches und die Umsetzung der enthaltenen Informationen, Anleitungen und Strategien erfolgt auf eigenes Risiko. Der Autor kann für etwaige Schäden jeglicher Art aus keinem Rechtsgrund eine Haftung übernehmen. Haftungsansprüche gegen den Autor für Schäden materieller oder ideeller Art, die durch die Nutzung oder Nichtnutzung der Informationen bzw. durch die Nutzung fehlerhafter und/oder unvollständiger Informationen verursacht wurden, sind grundsätzlich ausgeschlossen. Rechts- und Schadenersatzansprüche sind daher ausgeschlossen. Dieses Werk wurde sorgfältig erarbeitet und niedergeschrieben. Der Autor übernimmt jedoch keinerlei Gewähr für die Aktualität, Vollständigkeit und Qualität der Informationen. Druckfehler und Falschinformationen können nicht vollständig ausgeschlossen werden. Es kann keine juristische Verantwortung sowie Haftung in irgendeiner Form für fehlerhafte Angaben vom Autor übernommen werden. Die bereitgestellten Analysen, Vorschläge, Ideen, Meinungen, Kommentare und Texte sind ausschließlich zur Information bestimmt und können ein individuelles Beratungsgespräch nicht ersetzen. Alle Informationen dieses Buches entsprechen dem Kenntnisstand zum Zeitpunkt des Verfassens dieses Buches. Eine Haftung für mittelbare und unmittelbare Folgen aus den Informationen dieses Buches ist somit ausgeschlossen.
Informieren Sie sich weitläufig aus unterschiedlichen Quellen und bedenken Sie, dass am Ende nur Sie für die Entscheidungen verantwortlich sind.

Urheberrecht:

Haftung für externe Links:
Unser Angebot enthält Links zu externen Websites Dritter, auf deren Inhalte wir keinen Einfluss haben. Deshalb können wir für diese fremden Inhalte auch keine Gewähr übernehmen. Für die Inhalte der verlinkten Seiten ist stets der jeweilige Anbieter oder Betreiber der Seiten verantwortlich. Die verlinkten Seiten wurden zum Zeitpunkt der Verlinkung auf mögliche Rechtsverstöße überprüft. Rechtswidrige Inhalte waren zum Zeit-punkt der Verlinkung nicht erkennbar.